编辑委员会

传媒与艺术研究

MEDIA & ART STUDIES

传媒集刊

2018

总第54期

第3辑

李锦云·主编

中国传媒大学出版社
·北京·

目　录

高教园地

科研论苑

文化论坛

学人新作

新闻与传播

实施乡村振兴战略与传媒使命*

刘修兵　刘行芳　卢小波

【摘要】2018年中央一号文件对实施乡村振兴战略进行了全面部署,任务艰巨,前景迷人。大众传媒要敢于担当,有所作为,积极主动,助推乡村振兴战略落到实处:培育信息意识,开发信息智慧,提高农民使用信息的能力;充分用好传统媒体,大力普及新媒体,形成媒体惠农大合唱;市场先导、科技主打,牢牢抓住服务振兴乡村战略的主线;坚持三个原则,不断提高传播实效。

【关键词】乡村振兴战略　涉农传播　传媒使命

2018年2月4日,中共中央国务院印发了改革开放以来第20个、20世纪以来第15个指导"三农"工作的中央一号文件①,对实施乡村振兴战略进行了全面部署。这是继2016年11月23日中共中央政治局审议通过《关于打赢脱贫攻坚战的决定》"发出消灭贫困的决战命令"②、2017年"一号文件"③提出"以增加农民收入、保障有效供给为主要目标""促进农业农村发展由过度依赖资源消耗、主要满足量的需求,向追求绿色生态可持续、更加注重满足质的需求转变""要让农村成为引人入胜的天地、农业成为令人向往的产业、农民成为令人羡慕的职业"④之后,中央再次发出振兴农业的庄严承诺。

"实施乡村振兴计划"不是一个空洞的口号,它有实实在在的内容。"实施乡村振兴计划"需要做出长期艰苦的努力,不能一蹴而就,它既需要国家、政府做好顶层设

---

* 本文为国家社科基金重点项目"城镇化进程中农民群体媒介素养提升研究"(项目编号:14AXW010)的阶段性研究成果。

① 即《中共中央国务院关于实施乡村振兴战略的意见》。

② 习近平下达消灭贫困决战令[EB/OL]. http://news.xinhuanet.com/politics/2015-11/24/c_128464091.htm.

③ 即《中共中央、国务院关于深入推进农业供给侧结构性改革加快培育农业农村发展新动能的若干意见》。

④ 中央重磅文件出炉!将来,农民将成为令人羡慕的职业[EB/OL]. http://www.sohu.com/a/125532071_115362.

计，更需要农民兄弟依靠自身智慧去打拼出令人钦佩的事业、创造出令人信服的成就、获得令人羡慕的收入。当然农民要做出成就，获得财富，不能仅仅指望国家政策的倾斜，还必须凭借媒介信息的指引从市场上获得有效的信息资源。因此，大众传媒忠实履职，为农民及时提供有价值的信息，引导农民因地制宜、突出特色，搞好种植养殖加工，真正富裕起来，任重而道远。

一、涉农传播的积极贡献与历史反思

历史是现实的一面镜子，在重要历史转折时期，认真反思历史，往往会获得重要启示。党的十一届三中全会以来，几乎每逢年末岁首，中央都要专题部署“三农”工作，大众传媒也会密集报道，这都显示出国家对“三农”问题的高度重视，同时也凸显了解决“三农”问题的艰巨性和紧迫性。2018 年中央一号文件提出“实施乡村振兴战略”目标，让人眼前一亮。在这一背景下，反思涉农传播的历史，探索涉农传播的现实路径，从而发挥新闻传播在解决“三农”问题中的积极作用意义重大。

（一）中国社会与农民问题

尽管我国一直是一个农业大国，但千百年来我国农村的生产关系、生产方式仍然比较落后，生产效率仍然比较低下。直到中华人民共和国建立之前，中国农村都还停留在农业靠天吃饭、农民过着忍饥挨饿日子的状态。20 世纪初，受西方资产阶级革命的影响，孙中山举起“推翻帝制，驱除鞑虏，平均地权”的大旗，“三农”问题第一次进入政治家的视野。1924 年 1 月，在广州召开的中国国民党第一次全国代表大会决定，通过国家“给以土地，资其耕作”，采取“国家为之筹设调剂机关”等措施，改善农耕条件，使“农民得享人生应有之乐”。其后，在中国共产党的领导下，无数革命先烈经过浴血奋战，终于推翻帝国主义、封建主义和资本主义三座大山，建立新的国家，中国农民开始了新的生活。

中华人民共和国成立之后，由于管理层面和主导理论将小农经济视为落后的生产方式和产生资本主义的土壤，因而一些行之有效的提高农业生产效率的基本制度和管理措施被贴上“走资本主义道路”的标签，且大众传媒的信息传播成为图解政策的传声筒，农民被严格地禁锢在土地上，禁止参与市场活动，农村经济陷于停滞，农业生产每况愈下，农民生活日益艰难，我国解决“三农”问题陷入困境。

党的十一届三中全会提出了解决“三农”问题的新思路，开启了我国社会主义新农村建设的新征程，也使涉农传播回归正途。媒体积极主动地传播中央关于全党工作着重点转移到社会主义现代化建设上来、千方百计尽快把农业搞上去的决定和部署,宣传充分关心农民的物质利益,保障他们的各项权利,把广大农民的社会主义积极性充分调动起来,把他们的聪明才智充分发挥出来的新理念、新措施、新做法,掀开了涉农传播新的一页。事实上,在近代倾心探索解决“三农”问题的仁人志士中,有三股力量做出了突出贡献。

第一股力量是以天下为己任的革命先驱,尤以孙中山为代表的资产阶级革命派和以毛泽东为代表的无产阶级革命派的贡献最大。特别是毛泽东创立的有关解决中国农民问题的理论体系,有效推动了农民问题的社会传播,提升了农民问题的社会关注度。

第二股力量是充满悲悯情怀的作家。20 世纪初,出现了鲁迅、茅盾、柔石、叶圣陶等一批关注农民问题的作家。他们高举改造国民劣根性的大旗,希望“揭出病苦,引起疗救的注意”①。正是他们对农村面貌和农民生活的深刻描写及其作品的广泛传播,才使得中国农村景象进入世人视野,引起各方关注,并且他们在作品中也对解决我国农村问题进行了艰苦探寻。

第三股力量是忧国忧民的社会学者,尤以梁漱溟、费孝通贡献卓著。作为“中国最后一个儒者”②,梁漱溟在他 1937 年出版的《乡村建设理论》一书中敏锐地察觉到,中国近代引入西方制度体系有很大的盲目性,甚至自相矛盾,从根本上违背了中国文化的精神。梁漱溟认为只有复兴“以农立国”的中华文明,才能找到解决中国问题的出路。③ 另一位全身心研究并有效传播中国农村和农民问题的学者是费孝通,他先后出版了《江村经济》《乡土中国》《生育制度》和《乡土重建》等著作,提出“以工业重建乡土,进而把农民从土地上解放出来,并最终解决中国问题”的思路,对后代影响甚巨。

解决“三农”问题的最新成果当数陈桂棣夫妇和吴力子教授的相关著作。2003 年第 6 期《当代》杂志发表了陈桂棣、春桃写的《中国农民调查》,2009 年 7 月,北京工业大学吴力子出版了《农民的结构性贫困》一书。这两部著作将中国农民问题再次推上社会关注焦点的位置。《中国农民调查》详细描述了改革开放以来中国农民的生活现状,深刻揭露了农村存在的诸多问题,在国内外影响巨大,于 2004 年 10 月 2 日获尤利西斯国际报告文学奖(The Lettre Ulysses Award for the Art of Reportage)。《农民的结构性贫困》深刻分析了中国农民问题的独特性:他们以小规模经营为全部生计,其中哪

---

① 鲁迅. 南腔北调集·我怎么做起小说来[M]. 北京:人民文学出版社,1980:117.

② 美国芝加哥大学教授艾凯曾与梁漱溟有过多次长谈,称他为中国的“最后一位儒者”。

③ 梁漱溟. 乡村建设理论[M]. 北京:商务印书馆,2015.

怕某一个方面失去生计来源，都将造成社会动荡；农户是血缘性质的家庭，即使收入下降到难以支撑，也不能通过“减员增效”来改变局面；农户口粮由自己解决，以赋税的方式将余粮供养非农业人口，以徭役的方式将剩余劳动力服务于国家，不可能像西方那样通过圈地运动来实现农业集约化，也不能通过“边际效益”解决劳动力过剩问题。在对这些充满艰辛的探索和启人思考的研究成果的传播中，媒介发挥了不可替代的作用。因此，如何另辟蹊径解决中国“三农”问题，媒介有责任参与探索，集聚智慧。

（二）党的农村政策始终是媒介报道农民问题的指南

新政权建立后，我党着手解决“三农”问题，土地改革成为重中之重。通过媒体广泛宣传党的政策，推动落实土改工作，很快成为一个最基本的运作模式。到 1952 年年底，全国四亿农民有三亿多分得了土地。土改不仅解放了农村生产力，调动了农民的生产积极性，促进了农村经济的发展，为国民经济的恢复和发展奠定了基础，而且大大提高了农民的政治觉悟。而媒体对这场运动的大规模报道功不可没。

但是，分田到户也使我国农村生产分散、技术落后、资金和生产资料匮乏等矛盾凸显出来。为了应对这些问题，中央认为，“由具有社会主义萌芽……到完全的社会主义的合作化的发展道路，就是……农业逐步实现社会主义改造的道路”①，决定在全国实行社会主义改造。1955 年中共七届六中全会（扩大）之后，合作化提速，1956 年年底完成对农业的社会主义改造。1958 年 8 月，北戴河政治局扩大会议通过了《关于在农村建立人民公社的决议》，至此，延续千年的农民土地私有制宣告终结。

由媒体大力推动的人民公社化运动是我党受“左倾”思潮的影响，错误估计农村生产力发展水平而推行的冒进政策，给农业带来极为严重的损害。对于人民公社化运动以及后来的“文化大革命”，各级各类媒体闭门造车、夸大其词、推波助澜、误导公众，教训非常深刻。

经过十一届三中全会的拨乱反正，国家发展回到正确轨道。1980 年 9 月，中央下发《关于进一步加强和完善农业生产责任制的几个问题》的通知，允许土地承包到户。1993 年 4 月，“家庭承包经营”写入《宪法》，农村土地政策的法治化建设由此开启。2004 年以来，中央连续十六年每年都以“一号文件”的形式发布有关“三农”的政策和意见，指导农村加快建设步伐，帮助农民脱贫致富，这为媒体有效进行涉农传播提供了良好的政治环境，涉农传播终于摆脱极“左”路线的深刻影响，出现了新的气象。

---

① 参见《中共中央关于发展农业生产合作社的决议》（1953 年 12 月 16 日）。

(三)改善农民生活状况始终是涉农传播的主线

发展农村经济,改变农村面貌,改善农民生活,自始至终是涉农传播的一条主线。解放初期,国家大力推进土地改革,实行“耕者有其田”,接着,先后推行互助组、合作社、人民公社化和农业学大寨运动,目的都是要解放农业生产力,发展农村经济,改善农民生活。特别是经过“文化大革命”,全党更加深刻认识到发展农村经济的重要性,党的十一届三中全会决定把工作重点转移到社会主义现代化建设上来,也是从农村开始的。在全国实行家庭联产承包责任制,充分调动了农民的生产积极性,使农村面貌发生深刻变化,农民生活质量也得到明显提升。在这一系列战略部署中,媒介充当了宣传者、鼓动者和组织者的重要角色。

“三农”问题进入新闻传播视野,是历史的一大进步,但也存在不容忽视的问题。

第一,传统的“三农”报道主要以精英视角、悲悯情怀为主线,或哀其不幸怒其不争,或督促政府扩大服务,或动员社会扶贫济困,一般都把农民看作绝对的弱势群体,把他们当作先天愚昧、不思进取、落后保守甚至麻木不仁的芸芸众生,看不到蕴藏在他们中间的巨大潜能和创造精神。媒体对农民确实充满真感情,但其报道传播中存在对农民的轻视倾向也是不争的事实。

第二,传统的“三农”报道更多的是关注农民的经济贫困和生活疾苦,很少探寻农民的内心世界和精神追求,也未能从社会视角来探寻农民积贫积弱的根源。农民群体经济落后和生活艰辛是媒体说不尽道不完的话题,但根源在哪里,出路在何方,却始终没有答案。中央将“三农”问题纳入国家层面统筹解决之后,多次要求媒体“下基层,转作风,转文风”“贴近实际,贴近生活,贴近群众”,但媒体依然难以走进农民的现实生活,难以深入农民的内心世界,常常自以为是、越俎代庖地替他们说话,充当他们的代言人,因此免不了隔靴搔痒,往往不得要领。

第三,传统“三农”报道更习惯的是宏大叙事。世界局势、国家形势、发展趋势等充斥着报纸的版面、电台电视台的频道,但都是自说自话,无视农民感受,不问社会反响。特别是在人民公社化和农业学大寨运动中,媒体传播严重脱离实际,违背农民意愿,曲意逢迎长官意志,主观主义、形而上学甚嚣尘上,给农村带来不可估量的损失。

二、实现乡村振兴战略离不开传媒积极作为

实现乡村振兴战略是为了从根本上解决“三农”问题,而“三农”问题又是多种因素共同作用的结果,所以考察“三农”问题也应该从多种视角出发,如经济学视角、社

会学视角、政治学视角、文化学视角等，从而动员各种资源，以社会合力共解“三农”难题。不过，从新闻传播学视角观察“三农”问题，也会有意外的发现与收获。

当前，“三农”信息的供给主体主要是官方媒体，这使得农民获得的信息多为宏观的政策性信息和一般化的科技性信息，缺乏针对性，没有时效性，实用性也不多，无法满足农民对信息的个性化需求，难以成为他们搏击市场风浪的指南。此外，信息传播通道单一，所传播的都是经过层层把关严格筛选后的信息，农民失去了自由比较鉴别、自我判断选择和自我净化提升的媒介环境。由于主流媒体大都要围绕党委政府的中心工作开展宣传报道，因而各地农民获得的信息大同小异，相差无几，从而做出的判断和选择也鲜有不同，市场经济条件下最需要的错位发展、差异竞争、个性特色等品质，都很难落到实处。

以新闻传播学视角看，“三农”问题本质上是在当下社会转型的语境内，由于顶层先期设计的疏漏和后期修正的迟缓，城乡之间、农村内部的传播障碍与隔离日益加剧造成的。在城乡二元结构的制度框架内，新闻传播制度强势支配着社会信息的流动方向和方式，进而影响了社会财富、社会地位在城乡之间的分配，制约着农民阶层的向上流动，造成了城乡信息鸿沟的不断加深、农民获取信息成本的奇高和农民阶层的集体失语。城乡之间新闻传播资源分布严重失衡，农民在受教育程度、知识储备、媒介素养、传播技能、社会交往等方面与城市人群存在的巨大差距，决定了农村始终处于信息体系的末端，决定了农民获得信息的滞后和效用的低下。现行户口政策框定了农民人际传播范围，阻碍了农民观念的更新，加之农民居住分散，农村交通不畅，大众传媒向农村延伸缺乏动力，涉农传播产品严重影像化、拟态化、娱乐化，导致农民思维方式感性化，与现代社会所需要的理性主义背道而驰。

农民获取信息的高成本和涉农信息的不对口、不适用，阻碍了先进生产力在农村的普及与推广，造成了农村物质资源的大量浪费、闲置乃至被抽空，造成农民精神生活的贫乏与单调。从这个意义上讲，大力调整涉农传播政策，大力发展服务“三农”的传播媒介，或许是解决“三农”问题、真正实现乡村振兴的一个重要思路。

三、不辱使命，勇于担当，助推乡村振兴战略

传播观念僵化、报道主体错位、服务意识淡漠、内容缺乏针对性、公共信息不对称等问题严重制约了涉农媒体作用的发挥，农民对外面世界的认知表面化、浅层化、碎片化问题突出。加上主要劳力外出打工，农村人才出现严重的空心化，后继乏人，危机四伏。要从根本上解决这一世纪性难题，必须大力调整传媒政策，建构适合农村需要的

信息供给体制。涉农传媒要敢于担当、有所作为,积极主动、及时充分地为农民提供有效的信息服务,使农业优势得到发挥,使农民拥有令人钦佩的事业、做出令人信服的成就、获得令人羡慕的收入,助推乡村振兴战略落到实处,使“农民成为最受羡慕的职业”的制度愿景成为现实。

(一)培育信息意识,开发信息智慧,提高农民使用信息的能力

媒介助推乡村振兴战略,关键在于充分发挥大众媒介的信息传播功能,为农民提供真实、及时、有用、足够的各类信息,为他们提供决策参考。公共媒体只有确保所传播信息的真实权威,经得起质疑和求证,让农民真切感受到媒介“有用”,他们才会信任媒介,进而接触媒介、使用媒介,借助媒介提供的信息进行种植养殖加工、外出打工、兴办实体等经济活动和各种社会活动。想要赢得农民信任就要真实地反映农民的呼声与要求,但完全被动地反映农民的呼声与要求还不够,必须不断提升农民的追求层次。涉农传播要改变精英视角、怜悯情怀,把培育农民的信息意识、开发农民的信息智慧和提高农民使用信息的能力作为重中之重。媒体要切实转变角色定位,不要总想着“农民应该知道什么”,而要多思考“农民希望知道什么”,从农民实际需要出发,多扶助、多参谋。要通过有效的信息供给和意识培养,使农民充分认识信息价值,激活主动获取信息的欲望,掌握各种获得信息的方法,学会利用信息认识世界、分析市场,善于将劳动付出转化为真金白银。

(二)充分用好传统媒体,大力普及新媒体,形成媒体惠农大合唱

要充分利用传统媒体的公信力,把过去偏重关注农民的经济贫乏和生活疾苦调整为在关注他们物质生活的同时,深入探寻他们的内心世界和精神追求,探寻农民积贫积弱的根源。既要充分用好传统媒体,更要精心为农民搭建新媒体传播平台,形成媒体惠农大合唱的局面。有了科学合理、方便实用、廉价高效的物理平台,农民获取各种信息、表达利益诉求、展示内心世界才有通道、有保障。

当前,电视媒体依旧是最受农民欢迎的信息传播工具。各级电视台特别是市、县两级电视台必须转变观念,做农民的良师益友,甚至是推心置腹的净友;做农民调整产业结构、形成品牌优势、培育高新品种、开发产品市场、增加比较效益的好伙伴、好向导。

要有条件地放开对于纸质媒体的管制,特别是在一些经济发展水平较高的县市,应当允许他们自主办报。县市报最大的优势是报道身边的事情,讨论身边的问题,介绍符合本地实际的科技项目,培育具有地方特色的情感表达方式。加之报纸便于携

带，可以反复阅读和相互传看，农民可以在劳动现场，依据报纸的介绍，对一些涉农科技、种养技术、管理方法逐字逐句地学习领会，照着报纸的提示操作，一般不会出错。

最具潜力的涉农传播工具无疑是网络媒体和移动新媒体。要整合涉农信息服务资源，加快提高带宽进入农户的步伐，加快集视频、语音和网络功能于一体的“三农”呼叫中心和新农村信息服务站的建设，重点发展农民喜闻乐见的视频技术、多媒体技术、数字化技术、电视媒介、网络媒介、手机媒介等，大力发展“农信通”、移动多媒体广播，常年通过移动终端向农民发送市场信息、农业科技、灾害预警、天气预报等相关信息，农民可以通过回复短信咨询、反映问题，与专家开展远程实时视频交流。

(三)市场先导、科技主打，牢牢抓住服务振兴乡村战略的主线

要改变传统涉农传播中叙事宏大、不接地气的做法，以市场信息为先导，以科技信息为主打，牢牢抓住服务振兴乡村战略的主线。要彻底改变在农田生产、养殖管理、农作物、水产品或家禽家畜出现疾病无处咨询，农民参加学习培训、寻找就业门路难以找到合适的信息指导的现状，改变“种田无巧，别人咋搞我咋搞”的粗放经营观念，“种植随大流，收成靠老天，出售凭运气”的状况也应该被改变。

(四)坚持三个原则，不断提高传播实效

“三个原则”是指在报道立场上要坚持“真实性、真诚性、适宜性和可理解性”原则；在内容选择上要坚持“数量适度，质量优化，讲求针对性、适时性”原则；在传播形态上要坚持“影像化、故事化、案例化、通俗化”原则。

德国哲学家、社会学家哈贝马斯认为传播的有效性要由四个因素保证，即真实性、真诚性、适宜性和可理解性。真实性对应于客观世界，要求大众媒介选择的内容必须真实可信，绝不无中生有，或任意夸大。接受者可以分享新闻提供的知识、经验并从中获益。真诚性对应于媒体人的内心世界，强调要本着真诚情感做新闻，心怀诚意地报道新闻，拒绝任何虚假和欺骗。适宜性，即到什么山头唱什么歌，传播内容要适合接受对象和当时语境，以便说者与听者相互认同沟通。可理解性是指传播形式要符合接受者的接受水平、接受心理和接受习惯。要用农民喜闻乐见的方式传播信息，选择农民可以理解的言语表达，以便说者和听者可以相互理解①。

由于主客观条件、居住环境、知识结构和生活习惯的差异，农民对信息数量的多少并不是特别在意，但对信息的质量要求较高，特别期待大众传媒提供的信息具有针对

① 魏敦友. 释义与批判：哈贝马斯的“交往合理性”述评[J]. 江汉论坛，1995(7)：26-31.

性、实时性和可操作性。因此,大众媒体在涉农信息内容的选择上,要及时传递中央政策精神并加以必要的解读,要根据不同农时季节精准传播相关农业科学技术,要从农民对当代信息技术的渴求出发,有计划、分层次、突出重点地介绍互联网技术、新媒体技术、网络商务知识等,使农民尽快掌握现代信息技术,并熟练地应用于乡村振兴和城镇化的全过程之中。

在制作涉农传播产品、选择传播策略方面,要充分考虑农民的接受能力、接受心理和接受习惯,以农民喜闻乐见、易于接受的传播形态制作涉农信息产品,激活主体、激活要素、激活市场。农民毕竟受到文化、环境、信息来源等诸多因素的限制,视野总体上比较狭隘,对外面的世界常常是管窥蠡测、难见全貌。实践证明,采用影像表达、故事化叙事和案例示范传播涉农信息效果最好。基于农民整体水平偏低和媒介素养参差不齐的现实,应多制作影像信息产品,尽可能将涉农信息故事化,使其具有示范性、可操作性,可以被模仿和复制,使农民有兴趣、学得会、用得好、能赚钱。央视第七频道的《致富经》、荆州电视台的《垄上行》,在这方面积累了非常成功的经验,值得大力推广。

〔刘修兵,《中国文化报》城市科教部副主任,主任记者,硕士,主要研究领域:新闻学;刘行芳,江苏师范大学传媒与影视学院教授,江苏省新闻传播学学科首席科技传播专家,硕士,主要研究领域:新闻学;卢小波,中央电视台第一频道制片人,博士,主要研究领域:宏观经济学〕

新媒介平台社交利弊及发展趋势

贾 蓓 苏银娜

【摘要】随着媒介平台种类的多样化,社交功能逐渐成为其主要功能。一方面,平台使个人登上公众舞台参与更广泛的社交,形成群体关系网,也成为化解危机的舆论场,社交的深度得到强化;另一方面,平台也成为扰乱网络环境的诱因,引发个别民众对隐私的不尊重,还成为不法牟利的推手,在"茧房效应"下社会黏性逐渐缺失。针对这些弊端,平台在发展过程中也会随着监管与自我净化呈现出积极的趋势,如建立智能化的内容审核方式,针对不同人群进行分级管理,为了抑制"茧房效应"将"算法"与议程设置结合等。

【关键词】新媒介平台 社交 自媒体 即时聊天工具

人际交往是人们在生产或生活过程中的必要行为。随着媒介平台的出现,社交渠道使个体通过肢体语言、文字媒介传递信息的沟通过程逐步丰富。新的交往媒介扩大了人际交往的范围。随着网络技术的发展,借助媒介产生的社交变成日常社交的必要组成部分。本文在认可新媒介平台的出现为人际交往带来丰富渠道的基础上,重点从利弊两个方面阐释新媒介平台的社交现状,并从积极的角度预测了新媒介平台的社交趋势。

一、新媒介平台的多样化拓展了社交渠道

交际,即人与人之间的交往,通常指二人及二人以上通过语言、行为等方式交流意见、情感、信息的过程。通常交际多被看作是面对面交流,主要靠语言、仪表、动作等进行。而在现代社会,随着新媒介的日益发达,人们的交际活动及其方式也发生了许多重要的变化。通过新媒介开展交际已十分普遍,而新媒介环境下的交际能力也已成为现代人必备的素质。

1967 年,哈佛大学的心理学教授米尔格兰姆(1933—1984)创立了"六度分隔理

论”,简单地说,就是一个人和任何一个陌生人之间所间隔的人不会超过六个;也就是说,最多通过六个人就能够认识任何一个陌生人。按照“六度分隔理论”,每个个体的社交圈都会不断放大,最后成为一个大型网络。这是人们对社会性网络(Social Networking)的早期理解。后来有人根据这种理论创立了面向社会性网络的互联网服务,它是社交拓展的一种方式。

(一)社交网站PC端的出现打破了固有社交模式

社交服务网站PC端的发展验证了“六度分隔理论”。个体的社交圈会不断地扩大和重叠,并最终形成大的社交网络。无论是此前的电话社交或是邮件社交,都未打破固有的“熟人到熟人”的“接触型”社交模式,而社交服务网站的出现,让陌生人的联结成为可能。Facebook是美国的一个社交网络服务网站,在中国被称为“脸谱网”,于2004年2月4日上线。步美国“脸谱网”的后尘,我国的社区网络产品也一度风生水起,主流的包括人人网、开心网、腾讯朋友社区等。随着第五媒体的普及,在PC端向移动端转化的过程中,社交功能也逐步由社交网站的移动端App承担。

(二)移动端App的出现使社交频率大大提高

移动端App的出现使用户的黏性大大提高。第一,移动端的便捷性高于PC端。除了用户的睡眠时间,移动设备一般都以远高于PC端的使用时间伴随用户左右,无论是笔画、拼音还是语音,操作都比PC端输入便捷。这个特点决定了使用移动设备上网可以带来PC上网无可比拟的优越性,即沟通与资讯的获取远比PC设备方便。第二,移动端具有良好的私密性。互联网下,PC端的用户信息是可以被搜集的,而移动通信用户上网不需要将自己设备上的信息进行分享。

便捷性和私密性带来了移动端App高频率的使用。在手机应用商店中,可以任意找到微信、支付宝、QQ、抖音、世纪佳缘等多样态的具备社交功能的App。上文中提到的主流社交网站,也在此趋势中开发出自己的移动端版本。高频率使用的背后,社交的范围、内容以及深度都大大加强。

二、新媒介平台的社交优势

(一)自媒体使个人登上公众舞台参与更广泛的社交

美国新闻学会媒体中心于2003年7月发布了由谢因波曼与克里斯威理斯两位学

者联合发表的"自媒体(We Media)"研究报告,里面对"自媒体"下了一个十分严谨的定义:"自媒体是普通大众经由数字科技强化、与全球知识体系相连之后,一种开始理解普通大众如何提供与分享他们自身的事实、新闻的途径。"①简言之,自媒体即公民用以发布自己亲眼所见、亲耳所闻事件的载体。博客便是互联网时代自媒体早期产生的代表媒介,随后的社交媒体将这一优势无限发挥。

微博、微信以及其他具有社交功能的媒体催生了无数大V、主播,普通人获得了某种自我实现,"自我"就在面向更广泛的人群发言的过程中被建构出来,实现了从个体到公众的转变。

(二)即时聊天工具形成人以"群"分的群体关系网

微信等即时聊天工具能实现人以"群"分。因此,利用群进行交际是必不可少的交际方式,能加入某个群里的人大多具有话题共同性,例如购物群、炒股群、老乡群、亲子群、职业交流群、业主群等,每个群多数都有共同的主题。同时,共同的爱好以及对某一问题的共同关注,使得网络群上的交际走进现实生活。参加网络群生活,可以获得更多的资源信息,成员在充分享用共有资源的同时发表各自的看法和见解,以供别人参考。

(三)利用新媒介平台进行危机公关成为解决舆论问题的主流

当企业或政府管理不善,或由其他外在因素导致名誉受损时,企业或政府以及个人应该怎么办呢?应该实施自救行动,对危机进行化解、控制和处理,这被称作危机公关。利用微博开展危机公关是实现微博交际功能的主要表现。2018年5月9日晚,一则"空姐深夜滴滴打车遇害"的消息引爆舆论。10日晚,郑州市公安局官方微博"平安郑州"发布警情通报,网约车司机刘某华有重大作案嫌疑。"平安郑州"不仅通报案情回应舆论关切,还在评论区霸气回应"活要见人,死要见尸!",这一回应吸粉无数,在安抚公众的同时也起到了正向引导舆论的作用。据新浪大数据平台统计,从5月9日到11日,相关事件的全网声量达18.3万条,微博为事件传播、发酵发挥了重要作用,信息量达到17.5万条,占比为95.68%。

危机公关本身是一个持续性的过程。舆论高涨过后的回落期,仍然需要持续关注。对各个阶段出现的各种声音尽可能地给予回应,并且在适当的时机将公众的注意

① 百度百科. 自媒体(百度名片)[EB/OL]. http://baike.baidu.com/view/1154766.htm.

力转向积极的一面,在宣传上借力发力,不仅能有效化解危机,还有可能将危机转化成为一次成功的营销。

(四)丰富的平台使社交范围逐步扩大

1. 跨文化跨地域社交成为常态

在传统社会的社交中,由于个体在社会地位、生活方式、职业、文化层次等方面的差异,个体在交际过程中的交际对象相对固定。在新媒介平台之下,人们摆脱了现实社会中制约社交的地域或文化障碍,可以进行跨地域跨文化的社交。

2. 在自我暴露中加强了社交深度

上文中提到移动端带来交际的私密性,这种私密性带来了积极的人际交往,朋友圈正是显示这一优势的代表。由于私密性的回归,在朋友圈的人际交往过程当中所体现出的关系信息,只能暴露给同一关系圈内的各个好友用户,大大消除了诸多交往中认知不和谐的障碍,使人际交往的动力得到提升,从而让好友能够相对积极地参与到与用户的人际交往当中。

我国学者李丽明在《人际交往学》中认为,人际交往的深度与自我表露的程度有关,自我表露越真实,则反映出人际交往的程度越深入①。自我表露即自我暴露,我国传播学者王怡红在她的著作《人与人的相遇——人际传播论》中也提到关于"自我暴露"的问题。她认为"自我暴露"是一种实际的人际传播现象,无论人类使用的传播样式如何变化,人类的传播或交流始终保持着一个共存的关系,一个人不是与这个人发生关联,就是与那个人发生关联,并暴露出"我是谁"②。

实质上,用户在朋友圈发布状态的过程,也是自我表露的过程,朋友圈呈现出的用户的自我表露多是真实生活的反映。

而微销的过程也体现了交往的真实化。当好友以商家的身份与用户进行带有商业性质的人际交往时,所涉及的商品、货币、买卖双方的姓名、电话及地址等信息也必然是现实存在的。交易的过程本身已经体现了用户能够互相坦诚相对进行交往,让用户间的交往趋于真实,这样真实化的人际交往,加强了人际交往的深度。

① 李丽明. 人际交往学[M]. 贵州:贵州人民出版社,2006:64-66.

② 王怡红. 人与人的相遇:人际传播学[M]. 北京:人民出版社,2008:236.

三、新媒介平台的社交弊端

(一)不良合力的形成扰乱网络环境及社会秩序

移动互联网时代,用户时间碎片化日趋严重,相对于文字和图片,视频可以更丰富、立体地展示故事,并且在时间上也更符合移动用户的习惯。于是短视频、直播等成为新媒介平台中的社交生力军。

据中国互联网络信息中心(CNNIC)数据显示,截至2017年6月,中国网络视频用户规模达5.65亿,网络视频使用率为75.2%,其中手机视频用户规模为5.25亿,手机网络视频使用率为72.6%。陌陌在重整旗鼓之时,宣布重新定位平台为"视频社交"。

传播形态的自由为个体生产者带来越来越大的自由,一旦视频传播者缺乏自律,很容易对社会产生负面影响。2018年4月10日,国家广播电视总局要求今日头条网站永久关停"内涵段子"等低俗视听产品;国家网信办将传播早孕、家庭暴力等内容的快手四大网红永久性封杀;为新浪赚了无数点击的情感博主Ayawawa,因发表关于慰安妇的不当言论,收到了来自新浪微博的处罚,其微博账号被禁言6个月……

越来越多的App不需要注册登录或者是采用第三方登录,就可以对感兴趣的音视频内容点赞、评论,与发布者形成互动或者关注,这种简单粗暴的粉丝复制和扩散模式,即利用口碑传播的原理,让"口碑效应"像病毒一样以低成本、高效率传播。不良合力一旦形成,就会成为扰乱网络环境的推手,给社会秩序的稳定带来负面效应。

(二)引发对隐私的不尊重

2018年6月12日抖音首次正式对外发布:截至目前,抖音国内的日活用户突破1.5亿,月活用户超过3亿。抖音多元化内容占比66%,涵盖了19大类,其中舞蹈、剧情和动物最多,各占7%,亲子类量也不小,占到了4%。由此可见,孩子们的身影已不可避免地遍布短视频平台。

近日,一段名为《小学生在家发抖音 妈妈洗澡被直播》的视频在网上大范围传播,对此抖音表示是有人恶意推动。该视频是用户于2018年6月19日22:06发布的,视频远处背景有意外走光内容,23:46视频被下线,播放量216次。时隔两天后,这条短视频在网络上突然被大规模传播。抖音回应称"对当事家庭造成了极大的伤害"。

社交产品中的数据都是基于用户的个人信息而生成的,社交产品与生俱来的交流特性决定了用户必然会在上面留下大量的个人足迹,特别是视频的可感可视效果更是将用户的生活暴露在网络平台上。相当数量的视频拍摄、上传都可能存在被摄者不知情的情况,因此引发的隐私问题不容小觑。

(三)成为不法牟利的推手

前文中提到的情感博主 Ayawawa,表面上是发表了关于慰安妇的不当言论,但在其强大的粉丝流量背后,是 Ayawawa 传递“奴化女性”的价值观,并通过社交产品扩展线上渠道,通过微信进行“优弹素”等产品的传销。

早年的知名网络推手“立二拆四”“秦火火”,为了提高网络知名度和影响力,以更好实现其非法营利目的,先后策划、制造了一系列网络热点事件,公司最火时年收入近千万元,终因涉嫌非法经营沦为阶下囚。

综观目前利用社交产品的牟利方式,大约有几下几种:恶意买卖用户个人信息,快速“吸粉”售卖不法商品,通过新媒介平台传播淫秽色情等不良精神产品。

参考消息网曾有报道称,全球最大、持续时间最长的信任度调查报告——爱德曼公司的“2018 信任度晴雨表”报告发现,只有不到四分之一的英国人信任社交媒体。数据中称 63% 的人认为媒介平台缺乏透明度;62% 的人认为社交媒体公司非法出售个人信息①。这份调查结果显示出当媒介平台成为不法牟利工具时,将使受众产生信任危机,不再相信媒介。

(四)社会黏性的缺失

信息茧房效应由美国学者凯斯·桑斯坦在其著作《信息乌托邦》中提出。他认为每个人都拥有为自己量身定制一份个人日报(dailyme)的可能。这种“个人日报”式的信息选择行为会导致“网络茧房”的形成。伴随网络的发达,人与人之间直接接触交流机会逐渐减少,人在网络上选择信息的自由度随之加大,很容易自制信息茧房,脱离整个社会的发展,这些都大大减少了经验的分享。如每个个体之间、群体之间缺乏黏性,离散成单一的力量,这无疑极大地弱化了群体的功能。但是在社会发展中,人们需要由经验分享而构建的具有黏性的同盟。当人们发现同胞正处于危难时,能够予以援助。缺乏黏性的社会和国家,人民只关心各自的政治、经济利益,难以形成聚合力量,实现群体功能,缺乏黏性的人彼此之间往往也漠不关心。

① 李赛. 调查称社交媒体遭遇信任危机 公众开始转向传统媒体[EB/OL]. (2018-01-24)[2018-02-12]. http://www.cankaoxiaoxi.com/world/20180124/2253180_2.shtml.

四、新媒介平台的社交发展趋势

(一)内容审核方式智能化

对于中国来讲,直播、短视频等以承载音视频元素为主的社交平台刚刚发展起来,市场尚未成熟,应摸索符合我国文化和国情的音视频社交。2018 年 4 月,快手和火山小视频被国家新闻出版广电总局召集约谈,随后二者在安卓系统下架。

为此快手在现有 2000 人的审核团队基础上,进一步扩充审核团队,即使这样,每位信息审核员每天需要面对的仍然是用户上传的不间断的信息瀑布。工作时间长、审核任务量大且有增无减,使人工审核能够高质高效地完成越发不现实。目前机器审核的情况是,文字内容可通过提前设置检测到含有敏感词汇的内容,将其删除或向用户发出警告。但对于图片、视频的审核,机器无法像对文字内容一样提取,审核难度较大。随着人工智能的发展,机器必将承担人工的部分任务或全部工作,实现审核方式智能化。

(二)实现分级管理

分级管理问题的提出,主要源于未成年人使用媒介产品时暴露出的弊端。社交平台的无门槛特性使得青少年随时随地随意社交,少年网红的大量出现以及广泛"吸粉"并未给社会带来太多的正能量。"一手 video"2018 年 2 月 25 日报道称,一名 14 岁少年欲当网红,多次离家出走,因为网红又帅气又有名气;快手网站 17 岁网红杨清柠成为早孕妈妈引发众多未成年妈妈效仿……在青少年价值观尚未形成之时,对于平台内容是否有益缺乏判断,为此,引导和管理变得非常必要和迫切。

从未成年人的角度考虑,综观现有媒介平台,主要存在以下问题:第一,互联网专门提供给孩子的具有社交功能的平台不是太多,而是太少;第二,前文中提到,直播等社交平台的准入无门槛,使受众不需要登录或者采用第三方登录就能观看任何内容并且与他人产生互动;第三,防沉迷系统在游戏平台中虽有设置,但收效不显著。

如果有对内容定位更加精准、版块划分更加细致的社交平台,就有了限制部分观看内容、对平台内容进行分级管理的可能性。

(三)算法与议程设置相结合

信息茧房效应在部分新媒介平台上已初现端倪,人们在信息领域习惯性地被兴趣引导,从而将自己桎梏在一个“茧房”中。茧房的形成主要是通过算法系统在媒介的应用中来完成的。譬如当用户对某一平台内容产生兴趣时,就会点击、阅读甚至评论,而点击率、阅读时间、点赞、评论、转发,这些都是可以量化的,社交平台通过分析用户的浏览行为,给用户推送他们各自感兴趣的内容。今日头条、西瓜视频、火山小视频、抖音短视频、悟空问答等推荐系统本质上都靠算法完成。

桎梏中的人类久而久之会形成个人或者群体的极化,不利于他们吸收更丰富、更多领域的知识,从而限制其成长。破除“信息茧房”带来的极化效应,显然不能依靠取消算法系统这一极端方式,但可以在使用算法的基础上运用议程设置原理,充分发挥媒介平台的引导作用。

媒介平台需要通过议程设置,向用户推送“不想看”的信息,确保这些信息在引导舆论、形成主流价值观方面起到积极的作用。让用户从“不想看”到“想看”,在用户思想上树立价值取向标杆,久而久之才能打破信息壁垒,冲破信息茧房效应,积极扩展信息认知范围。

参考文献:

[1]杨阳. SNS 蜕变 人人网寄生游戏赚钱[EB/OL]. http://finance. sina. com. cn/roll/20090828/23086680106. shtml.

[2]蔡雯. 走向专业化与开放性相融合的新闻传播:试论社会化媒体影响下的新闻业务改革[J]. 国际新闻界,2012,34(09):59 - 64 + 81.

[3]宋江波. 微信朋友圈对人际交往的影响研究[D]. 南宁:广西大学,2014.

[4]张艺琼. 电子邮件的交际规则[J]. 科技导报,2014,32(32):90.

〔贾蓓,河北传媒学院新闻传播学院副教授,硕士,主要研究领域:新闻业务、媒介融合;苏银娜,河北传媒学院国际传播学院副教授,硕士,主要研究领域:英语教育〕

“今日头条”客户端存在的问题与优化策略

王思佳

【摘要】“今日头条”以其独有的特点得以快速成长,它的推荐系统通过追踪用户网上浏览行为来获取用户的偏好信息,然后根据用户偏好从网络资源中找到最符合用户偏好的新闻资讯,推荐给用户。它有效解决了信息过载问题,但也由此产生了新的问题。未来“今日头条”需要通过改进推荐算法,加入人工把关,保障用户信息安全,加强自媒体内容监管和把关,与传统媒体合作等方法,使客户端更强大,更好地满足用户需求。

【关键词】“今日头条” 个性化 推荐系统 信息做茧 优化策略

随着互联网技术的发展和智能手机的广泛普及,传统媒体逐渐被新媒体所取代,人们接收资讯的渠道也从广播、电视、电脑等传统媒体向移动新媒体转移,手机新闻资讯类客户端应运而生。互联网中的信息呈指数态势增长,信息过载和移动资讯客户端产品同质化问题日益凸显,亟须新型分发工具帮助用户进行信息降噪。“今日头条”在激烈的移动新闻客户端竞争中脱颖而出,短短几年里积累了大量的活跃用户,使移动互联网时代资讯传播进入个性化时代。

一、“今日头条”概况及产品特点

“今日头条”是北京字节跳动科技有限公司在2012年8月推出的一款基于数据挖掘和个性化推荐的资讯类搜索引擎,它集合了数据挖掘、机器学习、搜索引擎等多项技术。该应用是我国唯一一个使用推荐引擎做出的独立产品①。它的服务宗旨是为使用者推荐有价值的、个性化的信息,是一个连接人与信息的新型服务平台。公司从

① 孙健.澎湃新闻与今日头条,何者可以言新:从两款风格迥异的新闻客户端看媒体融合之道[J].传媒评论,2014(11):43-46.

成立至 2018 年 3 月,“今日头条”App 累计激活用户数超 7 亿,月活跃用户数达 2.63 亿,月用户时长超 20 小时,巨大的浏览量也让“今日头条”的广告收入迅猛增长①。

“今日头条”无论是客户端下载量、用户好评度还是市场占有率都表现优异。究其原因,是目前市面上新闻客户端的同质化导致了用户审美疲劳。用户除了单向阅读外,还希望分享、交流,这些都使得“今日头条”这种个性化推荐客户端迅速赢得了市场②。

“今日头条”之所以成为增长最快的资讯客户端,是因为以下几点细致入微的用户体验。

(一)个性化的信息定制

“今日头条”注重个性化新闻资讯的推荐,不同的人打开“今日头条”看到的内容是不同的。“今日头条”将近 60 个频道,用户可以根据自己的兴趣选择关注的频道,可以根据不同的网络环境选择阅读资讯图片的大小,最大限度地节省流量。用户还可以快速搜索自己感兴趣的新闻资讯,从而快速找到符合自己需求的信息。

(二)新闻资讯的高度聚合

“今日头条”聚合了众多传统媒体和网络媒体的大量新闻资源,包括《中国青年报》《扬子晚报》《南方都市报》等众多传统媒体,新华网、凤凰网、大河网等众多网络媒体也都与“今日头条”有合作。“今日头条”将优质媒体资源聚合成适合手机阅读的数字图文资讯,让用户可以随时随地获取传统报刊和互联网的信息内容。

(三)社交化的阅读模式

“今日头条”通过挖掘和分析用户的兴趣,帮助用户找到兴趣相投者。它允许用户将资讯分享到微信、微博、QQ 等社交平台,满足用户分享信息的需求。它可以实时关注好友收藏的新闻和对新闻的评论,增强用户之间的互动,突出了社交化阅读的重要性。

---

① 许英博,陈俊云.互联网行业研究报告:中信证券:互联网行业前瞻研究系列报告 31:今日头条,从内容索到内容分发的跨越[EB/OL].(2018-03-23)[2018-05-14].http://www.microbell.com/docdetail_2308498.html.

② 陈滢.基于个性化推荐技术的“新闻客户端”的使用与满足研究:以“今日头条”为例[D].广州:暨南大学,2014.

二、"今日头条"系统架构

"今日头条"个性化推荐系统是通过收集用户上网浏览行为来获取用户的偏好信息,然后根据用户的偏好信息从网络资源中找到最符合用户偏好的那部分资讯,并推荐给用户。"今日头条"的系统架构分为原始数据层、量化信息层、需求画像层、用户推荐层四个层次,并将这些层次纳入类似金字塔形的体系之中,上一层从下一层提取相应的信息,并产生一些新的特质,服务于它的上一层。原始数据层从用户的日常"行为"中获取用户的原始数据;量化信息层对原始数据做出分析,获得量化的、可用的信息;需求画像层应用相应的信息产生相关用户的画像;用户推荐层将相关资讯推荐给可能关心该资讯的用户。

"今日头条"的系统架构如图 1 所示。

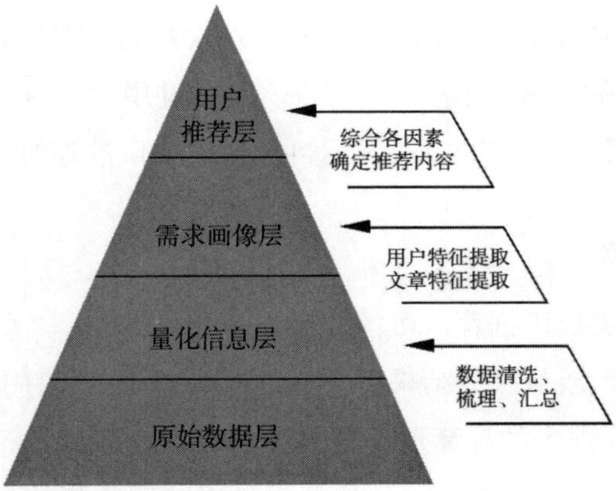

图 1 "今日头条"系统架构

(一)原始数据层

原始数据层收集的数据主要包括用户基本信息、"今日头条"内容信息和用户使用数据等。原始数据层通过以下几种方式收集用户的信息和数据:一是对用户的年龄、职业、兴趣偏好等基本信息的采集。二是消息推送。"今日头条"每天会给用户推送若干条资讯,用户对推送资讯的打开率以及打开后在该文章停留的时间都会被采集。"今日头条"后续会根据这些数据对推送的文章做个性化调整。三是条件搜索。用户想了解自己最感兴趣的内容,可以通过"今日头条"的搜索引擎实现。用户的搜索行为也会被当作用户的使用数据被原始数据层采集。四是频道选择。用户根据自己的喜好选择不同的频道,这种频道选择会被当作用户的使用数据被原始数据层采集。原始数据层还会收集用户的注册信息、点击率、频道留存率等信息。

(二)量化信息层

原始数据层获取用户数据的下一个环节就是将这些信息组合起来,送到量化信息层并开始对原始数据实施分析,获得量化、可用的信息。量化信息层对数据的量化分两类:一类是用户信息量化,“今日头条”通过对用户的年龄、职业、兴趣偏好等用户信息进行分析,量化每个用户信息,获得每个用户感兴趣的内容;另一类是文章数据量化,“今日头条”通过对用户阅读文章的主题、关键词等特征数据进行分析,获得每个用户感兴趣的内容。

(三)需求画像层

需求画像层根据某一用户群体的相关信息,刻画目标用户的主要特点和需求。主要刻画“今日头条”用户在哪些时间、哪些场景喜欢观看、阅读什么栏目等,并作为向用户进行个性化推荐的主要依据。“今日头条”通过用户对某篇文章的操作实施统计,从而得出这一类用户喜好的文章,然后再把这篇文章推荐给相似的用户。

(四)用户推荐层

用户推荐层将相关资讯推荐给可能关心该资讯的用户。“今日头条”将需求分析的结果通过加权平均形成最终的结果组合,以最优排序反馈给用户。除了需求分析之外,“今日头条”还需要强大的计算资源对收集到的用户数据进行计算处理。据了解,“今日头条”共有 4 万台服务器在运算,保证以秒级速度收集信息,对用户特征作出反应并推送信息。这个量级的服务器部署规模在国内所有互联网公司中也是名列前茅的①。

三、“今日头条”存在的问题

(一)个性化推荐致使“信息做茧”

“信息做茧”概念是由哈佛大学教授凯斯·桑斯坦提出的,是指信息在传播过程

---

① 大友.智能算法推荐到底是不是原罪[EB/OL].(2017-10-01)[2018-07-04].https://www.jianshu.com/p/ffca3786e209.

中受众只关注自己选择的东西和自己感兴趣的信息，但长此以往，会将自身封闭在蚕茧一样的"茧房"中①。目前，互联网上信息过载严重，"今日头条"这种个性化资讯推荐客户端有效地制止了信息过载。"今日头条"选择用户感兴趣的内容推送，增加了对用户的吸引力，但长此以往，用户都是只挑自己喜欢的信息阅读，很容易使用户形成"偏食"，信息接受面变窄，造成"信息做茧"。

（二）使用算法推荐，新闻质量难尽如人意

"今日头条"摒弃了编辑手工甄选信息的传统方式，通过数据挖掘、算法等技术为用户推送新闻资讯。这些技术手段虽然高效，但是无法代替编辑对新闻内容做价值判断。这些技术只会根据用户的需求抓取并推荐用户感兴趣、使用频次高、热门的新闻资讯。事实上，新闻资讯按一定的标准判断是有优劣之分的，但是"今日头条"这些技术在辨别新闻资讯内容的优劣和真假上还存在欠缺。

（三）收集个人信息，存在安全隐患

"今日头条"之所以能够给用户精准地推送新闻资讯，是因为它要收集用户的电话号码、性别、兴趣爱好、阅读习惯、地理位置等信息，这种收集会使用户信息存在被窃取和非法利用的隐患。这种私下挖掘用户个人资料的行为，很容易造成信息泄露，对用户的隐私安全构成极大威胁。

（四）标题党和低俗信息影响用户阅读体验

"今日头条"推荐的资讯中存在大量低俗段子、随处可见的广告和铺天盖地的明星八卦等信息。"今日头条"的自媒体多以营销和赢利为目的，为了让用户更多地点击自己的文章，吸引用户的注意力，自媒体的作者往往采用色情、夸张的标题去吸引用户的眼球。大量低俗信息的存在，势必影响优质内容的阅读量，长此以往也会影响优质内容的投放，造成"今日头条"App 用户忠实程度的下降。

（五）版权问题引起诉讼纠纷

"今日头条"被称为"新闻搬运工"。它不采编新闻，未经其他媒体授权便抓取其他媒体的新闻信息，受到不少媒体的谴责。"今日头条"把从其他媒体抓取到的新闻进行加工改造，然后推荐给用户，这种行为涉及内容提供方的版权问题。2017 年 4 月

---

① 桑斯坦. 信息乌托邦：众人如何生产知识[M]. 毕竞悦，译. 北京：法律出版社，2008：58.

26 日,搜狐、腾讯以“今日头条”涉嫌侵犯其作品的网络传播权为由,将“今日头条”诉至法院。

四、“今日头条”客户端的优化策略

(一)冲破“信息做茧”的禁锢

为了预防“信息做茧”的产生,需要提高用户的新闻素养、加强公共领域新闻的推荐,升级改造推荐算法。首先,用户在获取信息时,应关心不同于自身价值观的声音,不局限于自己感兴趣的某种声音,拓宽自己的信息源,减少“信息做茧”带来的不利影响。其次,“今日头条”须加强公共领域信息的推送,保证信息的多样化,使用户可以阅读到多方面的意见与观点。最后,“今日头条”须加强推荐算法的改造升级,制造出模仿人类学习的算法,更加开放地获取信息,从而使推荐的信息更丰富更全面,尽量避免“信息做茧”现象的发生。

(二)引入人工编辑,实现“人工 + 智能”协作推荐

数据挖掘、算法等技术是没有思维和价值观的,唯一可取之处是效率高,而人则是决定算法的决策者。所以,优秀的算法,人起着更为关键的作用,“今日头条”公司要加强对算法工作者编辑知识的培训。同时,“今日头条”要引入传统媒体编辑,实现“人工 + 智能”协作推荐。对于算法技术判断准确的新闻资讯,以人工对其内容随机抽样复查;对于算法技术判断不准的新闻资讯,由人工编辑审查,将传统媒体人丰富的采编经验转嫁过来,增强“今日头条”产品的可读性。

(三)多方联动保障用户信息安全

从国家立法、行业规范和媒体自律几方面保障用户信息安全。首先,2017 年 6 月 1 日起正式实施的《中华人民共和国网络安全法》对于公民个人信息保护意义重大,但目前它只是一个原则性的框架,还需要配套制度和法规对其进行充实、完善。其次,新闻行业需要建立信息安全的行业规范,通过大家协商,建立强制性的执行标准,划定用户隐私红线,规范新闻资讯客户端使用个人隐私的权限和用途。最后,“今日头条”应该以对社会、对用户负责的态度,自觉划定红线,建立自我约束机制。在采集用户信息时不能采集用户的银行卡、财产等信息,在系统推送机制中将用户信息符号化,以免发生信息泄露或被不法分子倒卖,对用户财产造成重大损失的情况。

（四）引进优质内容，加强自媒体内容监管和把关

针对“今日头条”中的低俗段子、广告和明星八卦现象，需从以下几方面着手解决。首先，“今日头条”应该提供奖励机制以吸引更多的优秀作者进入客户端发展。借助他们的专业学识，提升“今日头条”内容的可读性，给用户传递有用的知识。其次，“今日头条”不应只是单纯地将内容分发推荐，还应严厉打击标题党，对具有标题党特征的标题加以识别，禁止这类文章的展示，对经常制作标题党的头条号采取封禁措施。

（五）自媒体要内外兼修，加强新旧媒体合作

首先，“今日头条”作为个性化信息推荐分发平台，除了笼络自媒体之外，还需要和通讯社、电视台、报社等有影响力的传统媒体合作，明确双方权责，协商好利益分配，从而稳定地获得优质的内容资源。其次，“今日头条”在转载已授权的文章时，应该标明文章的出处并在文章末尾给出原文地址，这也是对版权的保护。最后，根治“今日头条”抄袭现象，需要自媒体作者内外兼修，不断加强学习，培养原创能力，提高内容质量，以优质原创内容吸引用户的注意力。

个性化推荐资讯类客户端触发了新一轮信息资讯媒体变革，以“今日头条”为代表的个性化新闻资讯推荐客户端迅速抢占了用户的注意力，扼住了信息传播的咽喉。它虽然存在一些弊端，但随着时间的推移会越来越完善。传统媒体和各大网络媒体都应当学习其成功的经验，推动资讯类客户端市场的繁荣发展。

〔王思佳，河北传媒学院影视艺术学院数字媒体教研室讲师，主要研究领域：数字媒体艺术〕

影视文化

当代中国武侠电影文化研究*

张霁月

【摘要】中国武侠电影在近一个世纪的发展中,历经了从以功夫的"狂欢节"参与中国社会转型,到以功夫的"历史终结"折射当下中国社会的叙事嬗变。武侠片在不同历史时期书写并表达着当代中国社会的发展历程,成为时代特征和文化征候的承载者与观照者。面对如今的全球化时代,武侠电影作为最具国际影响力和最卖座的华语类型片,要在融入全球化的过程中始终保持民族性,使中国电影真正成为记录并思考民族历史、社会文化的媒介与载体。

【关键词】武侠电影文化 "狂欢节" 社会转型 "历史终结"

武侠片是唯一的由中国首创并以中国为创作核心的电影类型。从 1928 年的滥觞之作《火烧红莲寺》至今,在近一个世纪的发展历程中,武侠电影往往在中国社会转型的节点,以功夫的"狂欢节"参与社会变革,同时通过风格迥异的叙事影响社会文化。2013 年的《一代宗师》是当代中国武侠电影文化的转捩,标志着中国武侠片在告别"一代宗师"之后开始走向功夫"历史终结"的叙事。随后的《师父》《箭士柳白猿》等影片,都以明确的功夫的"历史终结"在凸显近年中国武侠电影创作特点的同时,彰显当下中国社会的时代征候。这些与社会发展密切相关的武侠电影创作,作为民族心理集体无意识深处武侠叙事情结的延续,在满足大众审美心理与文化诉求的同时,以不断书写的武侠故事及其表达的价值观念,记录着时代的发展并引导着社会文化。

一、功夫的"狂欢节"与中国社会转型

社会转型既是经济体制和经济结构的转型,也是文化形态与价值观念的转型,而"狂欢节"正是"文化转型期语言多杂现象最生动的体现"。"狂欢节具有强大的生命

* 本文为"河南省高等学校青年骨干教师培养计划"项目的研究成果。

力，对文化发展的影响深远。”[①]中国电影的发展与当代中国社会的发展几乎同步，其中武侠电影以功夫的“狂欢节”参与社会文化的转捩，并成为20世纪中国武侠电影文化的突出特点。

作为中国武侠电影的发轫之作，1928年“明星”公司根据平江不肖生现代武侠小说《江湖奇侠传》改编拍摄的《火烧红莲寺》放映后轰动影坛。20世纪20年代末的中国社会，“五四”新文化运动的余波未散，有关中国社会史的大论战在意识形态领域如火如荼。伴随“五四”新文化运动带来的社会转型，武侠电影作为“中国现代化进程中思想变革需求的一种折射式反映的产物”逐渐发展起来，并担当起文化联结的使命，“把中国传统文化的以‘忠’为中心的价值认同，转化为以‘义’为中心的民间性的情感认同，通过内在认同机制的变化，不断寻找和建构对新的价值体系和对社会变革的认同”[②]。于是，武侠电影凭借通俗的叙事，以功夫的“狂欢”弥合了中国社会新变化与国人旧有认知之间的裂隙，同时以高度娱乐化、商业化的特点为大众所喜闻乐见。这是武侠电影首次参与中国社会的转型，充分彰显了“狂欢节”所具有的“全民大众性、自发性和反叛、颠覆性，包含了较为直接的政治寓意和更广泛的文化转型时期意识形态冲突观这两重意义”[③]。

如果说“五四”新文化运动是20世纪上半叶中国社会变革的重要标志，那么20世纪下半叶中国社会变革的节点，则是70年代末80年代初波澜壮阔的改革开放。作为当代中国社会最深刻的一次转型，洞开的国门与广阔的视野使得各种思想观念纷至沓来，在告别以塑造“工农兵”为主体的“十七年”电影和以“三突出”为基本原则的“样板戏电影”之后，中国电影人伫立变革潮头一时惝恍：解放思想后追求多样化的中国电影要拍摄什么题材？此时，武侠片作为极具中国文化特色的电影类型再次浮出地表，成为“题材样式多样化”的重要类型之一。1981年出现的《神秘的大佛》成为搅动新时期中国电影一池春水的一部电影。这部集武打与神秘、惊险、风光为一体的娱乐武侠片，打破了当时拍摄武侠电影的禁区。据该片导演张华勋回忆：“新中国成立后，在故事影片中表现中华武术的打斗，《神秘的大佛》是第一次。”[④]“文化的开放与多元不可避免地造成了传统的断裂与权威的削弱，进而导致了单一的意识形态中心的解体。这个多元多极、向心力量与离心力量相互争夺冲撞的时代，实际上是文化充满活

① 刘康. 对话的喧声：巴赫金的文化转型理论[M]. 北京：北京大学出版社，2011：182.

② 钟大丰. 从传播看“五四”精神·“五四”记忆中的精神与电影[J]. 电影艺术，2009(3)：5-10.

③ 刘康. 对话的喧声：巴赫金的文化转型理论[M]. 北京：北京大学出版社，2011：188.

④ 张华勋. 我拍《神秘的大佛》的前前后后[J]. 电影艺术，2004(1)：81-87.

力,蓬蓬勃勃发展的时代。”[①]作为具有鲜明社会意义和政治色彩的“狂欢节”文化,尽管《神秘的大佛》在当时招致了不少的非议,但它毕竟是中国武侠片冲破“十七年”以来单一的叙事类型,并再次以功夫的“狂欢节”投入社会转型的一次喧哗。

进入 21 世纪的中国,以 2001 年加入 WTO 为契机,开始了全球一体化的转型。此时在作为“中国经济起飞奇迹中一块醒目的拼图”的中国电影中,“万里之行始于武侠”的武侠片创作,身先士卒地以功夫的“狂欢节”参与了这场浩大的社会转型,成为“满足着现代中国百年的悠远梦想”的载体[②]。先有李安根据王度庐同名悲情武侠小说改编拍摄的《卧虎藏龙》,以迄今唯一荣膺奥斯卡奖项的华语电影之荣宣告了武侠电影在这次转型中的扛鼎之位,后有标志着中国电影开启大片时代的张艺谋的武侠巨制《英雄》,也是彼时中国社会文化中的一道饕餮景观。这些武侠片带来了中国电影的跨越式发展,它们不仅丰富了中国武侠电影的“表达和词汇”,还促使中国电影真正进入全球化时代,进入“一个融会了各时代、各传统、各国文化的丰富多彩、辉煌灿烂的时代”,同时能够与世界电影“展开规模空前的交流对话”[③]。

根植于中国传统文化的武侠电影凭借旺盛的生命力,以功夫的“狂欢节”强势地参与到当代中国社会的转型之中。《火烧红莲寺》时期的中国社会伴随“神怪武侠热”,在启蒙与浮躁、喧嚣与嘈杂、迷茫与觉醒的文化对峙中,完成了由现代走向当代的第一步。20 世纪 80 年代国门初开之时,由《神秘的大佛》掀起的“中国电影到底应该拍什么”的波澜,是彼时国人面对社会转型时迷惘和怅然的真实写照。在“入世”与全球化语境中,《卧虎藏龙》有关爱与荣誉的理想、复仇与背叛的罪恶,《英雄》有关世界“大一统”的理念等,意味着中国武侠电影业已摆脱了一维的武侠叙事,突破了狭隘的个人情仇,以具有社会纵深感和家国情怀的武侠故事及武侠文化成为时代的见证者与记录者。

二、功夫的“历史终结”与当下中国社会

不同于《火烧红莲寺》中光怪陆离的武侠世界,也不同于《神秘的大佛》中充斥着商业娱乐气息的武侠世界,亦不同于《卧虎藏龙》中浪漫唯美的武侠世界,肇始于 2013 年王家卫的《一代宗师》,中国武侠电影不再以功夫的“狂欢节”参与社会转型,而是以功夫的“历史终结”的叙事反映当下中国武侠电影的文化特征,并折射出当下中国的社会征候。

---

① 刘康. 对话的喧声:巴赫金的文化转型理论[M]. 北京:北京大学出版社,2011:157.
② 戴锦华. 百年之际的中国电影现象透视[J]. 学术月刊,2006(11):113-121.
③ 刘康. 对话的喧声:巴赫金的文化转型理论[M]. 北京:北京大学出版社,2011:157-158.

《一代宗师》以中国武术最后一个黄金时代的民国时期为叙事背景，讲述一代武学宗师叶问的传奇故事。在叶问之前，中国武术界有一条不成文的规矩：武术不能“普传”，只能“秘门传”。叶问改易旧制，向大众广授咏春拳，即便是平民百姓也能入门，学费也不算贵：八毛一位。同时，叶问不满足于咏春拳只在一国范围内传播，即不只是“北传”，还希冀能够将咏春拳传遍整个世界。也就是说，叶问有关中国功夫的理念在于“天下”。于是就有了影片结尾纪录片风格的影像，讲述叶问流落到当时沦为英国殖民地的香港后穿上了西装，感叹道：“只有眼前路，没有身后身。”彼时港人正在欢腾中为英女王画像，这意味着叶问随香港一起融入了西方世界的殖民秩序及其代表的西方世界。关键在于，影片结尾还以叶问画外音独白的方式阐释他有关功夫的理念：“对我而言，武术是大同的，千拳归一路。”“大同”一词源自中国儒家经典《礼记·礼运》“大同”章，在当下语境中包含着全世界政治、经济、文化融合的意蕴。可以说，中国功夫“一代宗师”传奇故事的历史终结了中国功夫的教授传统，揭橥了当下中国武侠电影和中国社会进入全球化时代。

开创中国武侠纪实文学风气之先的徐皓峰于2015年导演的影片《师父》与《一代宗师》有着异曲同工之处：都以民国为背景，围绕咏春拳展开武侠世界的故事。如同《一代宗师》中的叶问，怀着“咏春北上，弘扬武学”抱负的师父陈识，来到当时功夫门派最为多杂的天津，想要开武馆教拳，但是按照当地的规矩，他必须先招收一名徒弟对其进行训练，然后由其代表师父踢馆，赢了天津的八家武馆后他才能开设自己的武馆——这个“规矩”构成了影片的发展线索和叙事动力。以“规矩”为安身立命之本的武侠世界，彰显的是传统中国社会的严谨礼教，它是传统文化的一种礼仪。其实这种礼仪与欧洲封建时期骑士决斗的礼仪有异曲同工之处：礼仪是“面子”，“里子”则是权谋。陈识作为外来者想要在天津立足，要靠本地的徒弟打通门面，于是徒弟就成了“面子”，师父则是“里子”；“面子”和“里子”在一起，就是遵守了所谓的“规矩”。电影《师父》结尾，徒弟死了，师父被迫离开天津，天津武行仲裁人邹馆长意味深长地说了一句“咏春绝了”。就史实而言，咏春拳的发展并没有在民国时期终结，然而影片有关咏春拳“历史终结”的表述却发人深省：表面看来消逝的是咏春拳，实则暗指功夫世界、武侠世界的规矩和秩序的消逝，同时更是被消费主义和商品经济冲击的传统中国社会的规矩和秩序的消逝。在农耕时代的旧传统业已逝去，现代工业社会的新传统尚未形成之时，《师父》中的“礼崩乐坏”就某种程度而言正是对当下中国社会文化的一种观照。

2016年徐皓峰又将自己的短篇小说《箭士柳白猿》改编为同名电影，继续讲述民国时期军阀混战与秩序崩塌背景下的功夫世界。影片再次以“踢馆”引发叙事，并开宗明义地指出:“习武之人自古有两条出路:参军打仗、开场授徒。1917 年,军阀四起,武馆林立,武馆纠纷的仲裁人被称为‘柳白猿’。”电影着力塑造了担负平息武林纠纷使命的最后一位仲裁人——箭士柳白猿,并在结尾以字幕的方式明确道:“世上再无柳白猿,古代射箭技法失传,仅剩制造工艺留存民间。”影片中的箭士柳白猿不再是传统意义上的武侠英雄,他不会飞檐走壁,也没有江湖义气,面对杀害姐姐的凶手也只是严惩对方却并不取其性命。作为武林世界纠纷的仲裁者,柳白猿化解了个人的恩怨情仇,将公道、大义印刻在一名真正的侠义之士身上。他执着于自己的箭术和箭士身份,但最终却手持“冷兵器”弓箭目睹“热兵器”现代火枪在瞬间摧毁了匡一民的房子,射死风情万种的月牙红和独孤求败的匡一民。这里“冷兵器”与“热兵器”的碰撞构成了东方文化与西方文化碰撞的隐喻,同时军阀混战的背景下社会政治、经济、文化混乱所造成的价值观的芜杂,使影片有关生存与毁灭的思考不仅具有文本叙事价值,而且触及并引发人们对当下中国社会在多元文化裹挟中有关坚守、转型的思考。虽然传统功夫中的射箭技法已“终结”,但是制箭的工艺尚存。如何在坚守传统的同时处理好转型问题,是对中国武侠电影文化的思考,更是对当下中国社会文化的思考。

“武侠片是研究世风的。”徐皓峰在其影评集《刀与星辰:徐皓峰影评集》中以“无道之器”概括中国武侠电影与社会文化,并指出,作为我国唯一的类型片,武侠片“应该敏感中国人的‘样’”①。也就是说,中国武侠电影要以灵敏的嗅觉和反应感受并展示中国社会的沧海桑田与千姿百态。当下中国武侠电影不断上演功夫的“历史终结”的叙事,无不是以具有血脉通融的民族气质和时代感受的武侠文化,超越声光影画,折射且观照中国社会的世风。

三、武侠电影与中国社会景观

武侠片之于中国电影亦如西部片之于美国电影,都是根植一国的历史与文化,国族特征鲜明,同时二者都既能成为神话又能作为时代的观察者和记录者。从 20 世纪二三十年代中国社会的动荡不安到当下全球化浪潮的席卷,武侠电影以传统文化为根基,以商誉血缘为枝干,以功夫的“狂欢节”到功夫的“历史终结”的叙事文本为叶脉,在不同历史阶段折射当代中国社会,成为时代文化的承载者与观照者。

“狂欢节的核心是民间文化、大众文化对肉体感官欲望的弘扬……狂欢节作为文化转型期离心和向心力冲突的宣泄和语言杂多现象的特殊表征,起到了联结、沟通大

---

① 徐皓峰. 刀与星辰:徐皓峰影评集[M]. 北京:世界图书出版公司,2012:1-13.

众文化与精英文化鸿沟的枢纽作用。"[①]《火烧红莲寺》《神秘的大佛》《卧虎藏龙》《英雄》等,无不是在延续中国武侠叙事传统的同时,成为社会转型期"语言杂多现象的特殊表征"。关键在于,这些武侠电影作为"带有中国古典传统文化色彩"的类型片是对"传统文化的现代性转换",而"正是这些借助电影这门新技艺重新讲述的武侠故事负载着个人、自由、爱情、忠诚等现代启蒙的价值理念"[②]。一言以蔽之,社会转型期的中国武侠电影通过讲述功夫的"狂欢节"中的武侠故事,使大众有关时代的感受和价值观念的寻求得到彰显。

"历史终结"的观点最初是由美国学者弗朗西斯·福山在《历史的终结与最后的人》一书中提出的,旨在阐释20世纪下半叶人类社会在迅猛发展的现代科技语境中,大众意识形态和社会道德伦理观等都在发生相应变化。福山指出,如今人类社会"面临着大量的严重问题,从毒品泛滥、无家可归、犯罪,到环境破坏和消费主义甚嚣尘上"。同时,生活在当下的人们对成为"最后的人"充满了恐惧,于是便开始"以一种新的、无法预知的方式来肯定自己……为了名誉而展开血腥的搏斗"[③]。具体到近年的中国武侠电影,《一代宗师》中的叶问、《师父》中的陈识、《箭士柳白猿》中的柳白猿无不是功夫的"历史终结"中"最后的人"。虽然他们的故事发生在民国,但影片的叙事主题皆是对当下时代的观照与摹写,亦如《师父》中邹馆长的感叹:"二十年来,我看着军队一步步败坏,看着习武之人沦为玩物而不自知。"由此,电影中民国功夫江湖的"礼崩乐坏"就与当下的社会景观勾连了起来。

与美国西部片对西部拓荒时期文明与蛮荒、个人与社会、本民族文化与异域文化的基本矛盾的叙述类似,中国武侠电影不论是对社会转型阵痛的表现还是对全球化冲击下"礼崩乐坏"的社会的反思,都是通过功夫叙事所呈现的价值观念和叙事伦理,记录并书写着当代中国不同历史时期的社会文化。《火烧红莲寺》如火如荼的背后,是对大革命失败后国民党屠杀昔日同盟共产党,血腥、沮丧情绪笼罩下国人消极避世的社会现实的反映。《英雄》的甚嚣尘上中,无名最后悟到了"不杀"是为了"天下",正是彼时刚刚进入世界一体化格局的中国社会对处理"天下"与"个体"关系的思考。《师父》的冷峻严酷下,是对一脉功夫派系和武学精神被认可、被传承的渴望与挣扎,如同片名开宗明义的意指:作为民族传统的中国功夫最重要的问题是传承,而传承就需要"师父"。这恰是当下中国社会正在直面并亟待解决的问题——对国族文化的坚守与传承。

其实,通过功夫叙事书写社会历史一直是中国武侠电影的文化传统,如20世纪

---

① 刘康.对话的喧声:巴赫金的文化转型理论[M].北京:北京大学出版社,2011:185.

② 张慧瑜.历史魅影:中国电影文化研究[M].北京:中国电影出版社,2015:202.

③ 福山.历史的终结与最后的人[M].陈高华,译.孟凡礼,校译.桂林:广西师范大学出版社,2014:19-21.

70年代鼎盛一时的香港武侠片。当时崇尚暴力美学的导演张彻,在武侠片中塑造了诸多阳刚的英雄形象,从而使中国武侠电影"摆脱了传统戏曲对男角塑造的影响,完成了将男演员由'小生'向'武生'的转变"。王羽、狄龙、姜大卫、傅声等几位主要的男演员,都是身材威武、体格健硕,而这种具有性别意义的身体在大众文化的语境中从来都不只是生理意义上的纯粹肉体,"关于性别和身体的表述,往往密切联系着某种意识形态和'文化霸权',从而折射出某一社会及其文化深层无意识"①。20世纪60年代末70年代初是香港社会的转型期,经历了港岛历史转折点的"六七暴动"后,彼时武侠电影对男性身体的刻意呈现,一定程度上成为张彻所代表的香港民众试图对抗历史暴力的载体。

此外,中国武侠电影人还非常注重将自己的创作风格和社会发展相结合,使影片在彰显个人特色的同时兼顾时代与社会文化的征候。近年创作了多部"硬派武侠接脉之作"的徐皓峰,不论是其编剧的《一代宗师》还是执导的《倭寇的踪迹》《师父》《箭士柳白猿》等,都呈现出明显的现实主义与后现代结合的多元文化特征。一方面,他在电影中努力最高程度地还原武打场景,将兵器打斗作为主要的武打场景,从《倭寇的踪迹》开始到《箭士柳白猿》逐渐发展成熟,再到《师父》被发挥到极致。另一方面,影片的后现代风格明显,兵刃相见的金属声音和武打场景与电影配乐交织形成吊诡的声场,或是戏谑或是严肃的桥段,还有作为武侠世界中另类景观的风情旖旎的异族女子(如《师父》中的茶汤女)等,共同构成了一幕后现代文化的景观。

"武侠""功夫"是最具国际影响力和最为卖座的华语电影的关键词,"对于中国电影来说,最有国际影响力的文化品牌就是武侠片。这是在长期的文化交流中形成的一种有中国特色的文化类型,既讲述了中国人传统的伦理情感,又呈现了侠客们行走江湖的现代价值理念。创造出更多的像武侠片这样的文化品牌,将是中国文化软实力占领海外市场的核心竞争力"②。可以说,中国武侠电影近百年来一直生动且饶有趣味地书写并思考着中国社会的沧海桑田,而当下中国武侠电影面对且亟待解决的问题是如何在融入全球化的过程中保持民族性。对于这个问题,徐皓峰的电影《倭寇的踪迹》中搜寻倭寇踪迹的后现代叙事与影片开场残荷边打斗的中国山水画式写意,也许就是一个最好的回答与注解。

〔张霁月,河南大学文学院副教授,戏剧与影视学硕士研究生导师,电影学博士,中国语言文学博士后,主要研究领域:电影史论与电影文化〕

---

① 苏涛.浮城北望:重绘战后香港电影[M].北京:北京大学出版社,2014:149-150.

② 张慧瑜.历史魅影:中国电影文化研究[M].北京:中国电影出版社,2015:206.

我国女性电视节目存在问题及建议

陆　蓓　贾宝玲

【摘要】我国女性电视节目发展经历了初露锋芒、大红大紫、热情消退、再度回暖四个阶段。我国女性电视节目的制作还有很大的更新和创造空间，主要表现在：缺乏创新意识，过度商业化，文化内涵不足。我国女性电视节目制作应增强创新意识，提升节目文化内涵，加强节目品牌建设，满足女性的实际需求。

【关键词】女性电视节目　创意　多元化

随着社会的进步，中国女性的社会地位及话语权得到了空前的发展，这造就了我国女性时尚节目异军突起的局面，如《美丽俏佳人》《女神的新衣》《爱上超模》《女性时尚》等，给我国电视节目带来了一股新鲜气息。女性电视节目的出现和发展不仅丰富了电视的节目类型，更促进了我国女性自我意识的觉醒，带动了我国女性时尚产业的蓬勃发展。在女性电视节目的带动下，女性朋友更加关注时尚元素，我国女性时尚类消费比例越来越高，女性消费者越来越占据我国消费市场的主体地位。但在我国女性电视节目的发展历程中，女性电视节目尚存在一些问题亟待解决。

一、女性电视节目概述

(一)发展历程

整体而言，我国女性电视节目发展经历了初露锋芒、大红大紫、热情消退、再度回暖四个阶段。在我国女性电视节目经历第一阶段即初露锋芒时，电视业已经有了40年的发展历程。女性电视节目往往是以与其他栏目共同播放的形式面向广大观众，直至中央电视台播出《半边天》，我国女性电视栏目才正式诞生①。1995年9月举办的第

---

① 陈肖利，庄海刚．国内女性电视节目的创新发展方式探索[J]．中华女子学院学报，2011(1)：27.

四次世界妇女大会,突出强调尊重女性、男女平等、和平发展,在一定程度上促使女性话题进一步发展,越来越多的媒体开始关注女性话题,但这种话题热度并没有持续很长时间,话题关注度随着大会的结束而逐渐降低。截至1998年,只有7家电视台设置了专门的女性节目,剩余的25家电视台都未设置专门的女性节目。由此可见,当时专门的女性节目所占比例极小。随着社会的不断进步与发展,尤其是在21世纪的今天,女性自主意识、独立能力得到了很大的提升,渴望得到社会的尊重与认可,加上电视事业的飞速发展,职业女性越来越受关注,并逐渐成为较受市场欢迎的受众群体。以职业女性为受众群体的市场取得了快速发展,女性电视节目再度回暖。

(二)一般分类

通过对大量女性电视节目的总结,可以发现当前女性电视节目发展繁荣,在保持节目传统特点和优势的基础上不断创新。主要可以分为三类:一是访谈型女性电视节目。这类节目强调女性风采,全面挖掘女性内心世界,展现女性魅力与风采,对女性知性美展开分析与探讨,比如《非常静距离》就是具有代表性的访谈型女性电视节目。二是娱乐型女性电视节目。这类节目的显著特征在于亲密感,以平等参与、尊重观众意见与需求为主要口号,在认可娱乐普遍性与平民性的同时,提倡与广大观众保持亲密接触。一般来说,娱乐价值是观众关注的重点,这在一定程度上促进了娱乐型女性电视节目的发展。三是生活服务型女性电视节目。这类节目的主要目的在于传播流行时尚资讯,解答潮流咨询,提高女性对时尚的认识;还致力于塑造女性外在形象,培养女性内在修养,并将二者有效结合。塑造时尚健康完美女性是生活服务型女性节目的主要宗旨。

二、我国女性电视节目存在的问题

我国女性电视节目提升了我国女性观众的审美水平,唤醒了更多女性观众对美的热爱,对时尚的追求。但白璧微瑕,我国女性电视节目在制作上还有很大的更新和创造空间。

(一)刻意模仿,缺乏创新意识

女性节目最早在我国台湾地区出现,大陆地区紧随其后,这造成了大陆地区女性节目的一种通病,那就是不论节目风格、节目主题还是主持形式,甚至演播室布景、后期制作等诸多方面,都是台湾地区时尚节目的翻版。这种风格能否适应大陆观众的口味和需求就要打个问号了。自从《美丽俏佳人》模仿《女人我最大》成功以后，各大卫视开始了跟风模仿的浪潮，先后出现了《化蝶》《美丽佩配》等节目，甚至连湖南卫视推出的《我是大美人》也是模仿《女人我最大》的一档节目。

当然，在大陆卫视没有制作经验的情况下，适当的模仿在节目起步阶段是相当必要的。这种模仿直接借鉴了成功节目的成熟之处，再加以适当改良，降低了成本。鉴于《女人我最大》的成功，人们也更倾向于接受《美丽俏佳人》这档节目，这使得《美丽俏佳人》能够快速被女性观众所接受，并取得很好的收视率和经济效益。但节目制作不能在模仿阶段止步不前，如果一味地模仿，不求创新，观众就会出现审美疲劳。随着女性观众审美水平的提升，这类只求模仿、不知创新的节目，必然无法满足她们的兴趣需求。久而久之，节目无法占据女性观众的心，其结果自然是无法长久地办下去。

（二）过度商业化，节目成了获利的手段

台湾女性节目《女人我最大》，其实只是为女性观众提供时尚方面的知识、建议和最新资讯，帮助女性提升时尚趣味，并没有太多的商业化色彩，这也是《女人我最大》节目的成功之处。但是我国大陆的女性电视节目并没有模仿到这个节目的精髓，只是借助女性时尚这一主题追逐利益而已，这就严重背离了女性节目的初衷。可以看到，在《美丽俏佳人》节目中虽然也会介绍一些女性时尚资讯，或者当下比较流行的美容产品、服饰等，但除此之外竟然还推出一些电子产品，甚至是汽车这类与女性时尚完全无关的产品。这是打着时尚的幌子，传递错误的时尚信息，让大家以为这就是时尚，诱导女性观众购买这类产品。个别女性电视节目甚至出现公开叫卖、现场销售，主持和嘉宾配合诱导观众购买等现象。这些现象需要引起足够的重视，否则一档为女性观众服务的新颖节目就会变成乌烟瘴气的叫卖场。这会引起观众的极大反感，影响整个女性节目的健康发展。

（三）过度娱乐化导致文化内涵不足

女性节目之所以受到广大女性观众的欢迎和喜爱，主要是因为节目主题为女性观众服务，满足女性对美的需求。但是，当前很多女性节目只关注外在美而忽视了女性观众精神方面的需求，导致节目的过度娱乐化，文化内涵严重缺失。无论是主持人的服饰、语言，还是嘉宾的动作，甚至眼神等都显得娱乐有余，内涵不足。

（四）未充分考虑大多数女性的时尚需求

我国女性节目的观众大多是年轻女性，这类人由于社会行为的参与度较高，加上

年轻化,所以更倾向于关注女性时尚话题的节目。年轻的都市女性群体的收入水平未必很高,但是节目中的产品或者方法等都需要大量的资金作为后盾,也就是说要想满足外在美的需求,广大爱美女性是需要花费大量金钱的,而节目中出现的高档化妆品、饰品、服饰等显然是广大女性观众消费不起的。如果一个化妆品或美容方法很好,但却因为大多数观众购买力问题无法实现,那么这类时尚节目就会与观众需求脱节,无法完成自己的使命。忽视观众购买力或需求的时尚节目,无法走得远、走太久。还应看到,这类时尚节目也忽略了农村、家庭主妇、中老年妇女这些群体,而这些群体的女性所占比例也很大。忽视了这些群体的实际需求,节目也是注定无法保持长久生命力的。

三、推动我国女性电视节目健康发展的建议

(一)增强创新意识,不断推陈出新

观众对电视节目的关注度是不断变化的。随着节目的不断播出,人们的关注度呈现出递减状态,这就造成了观众对节目极易产生所谓的审美疲劳。要想让电视节目焕发出持久的生命力,就要不断地推陈出新,增加新的元素以提高节目亮点,把观众关注度从持续衰减变成不断高涨。节目要创新,就要增强节目的独特性,努力保持与其他同类节目的不同。同时还需结合我国女性的实际需求,对节目做深层面的挖掘。在节目后期制作上应当更加精致和新颖,增加创意元素。

以《美丽俏佳人》节目为例,它的主要受众是都市白领人群,节目组在透彻分析了白领丽人的特点和需求的基础上大胆创新,比如开展公益活动、组织全国性质的彩妆比赛等,通过不断的创新保持节目的热度,这是《美丽俏佳人》节目成功的重要原因。

(二)提升节目文化内涵

女性时尚电视节目在追求收视率及经济效益的同时,还要赋予节目更多的文化内涵。将培养女性外在美与满足其内在精神需求相结合,才能打造出新时代健康、漂亮、完美的女性形象,节目内容才能更饱满,观众印象才更深刻,节目质量才会越来越高,口碑也才会越来越好。在文化内涵的提升方面,国内知名女性时尚电视节目《美丽俏佳人》已经走在了前面。在 2010 年某一期节目现场,李静就曾邀请其他主持人一起发起“救助流浪小动物”的公益活动,得到了广泛的关注以及观众的一致好评。这一活

动的确产生了实际效果，救助了不少流浪小动物。这是把节目经济效益和文化内涵相结合的典范。

（三）根据女性观众的特点制作节目

女性时尚节目是为女性观众服务的，一定要符合女性观众的各种特征，节目制作的出发点和落脚点应该是女性的各种需求。在节目中要提倡男女平等，既不应有男尊女卑的思想，也不能因为是女性节目而任意拔高女性，搞所谓的“女权至上”。节目的宗旨应鼓励女性观众发挥自身优势，完成自我价值的实现，并且以积极健康的心态面对工作、家庭和生活。归根结底，节目应具有现实的指导作用。例如，《美丽俏佳人》主要提供生活服务，以介绍日常生活和工作的实用知识、提供具体的方式方法为主。这类节目有指导意义，具有较强的知识性、实用性和针对性，能够满足不同女性群体的实际需求。在前景广阔的女性市场中，《美丽俏佳人》节目瞄准了自己的核心受众群体，将受众定位于包括都市白领、时尚主妇、女大学生在内的时尚年轻女性，有针对性地设计和制作节目内容，受到欢迎是必然的。

（四）加强节目品牌建设

品牌是增加一个产品竞争力的最有力武器。女性时尚节目要想获得成功，必须加强品牌建设，制作有竞争力的节目。评价一个节目品牌的好与不好，首先要看节目名称是否能够抓住人心。名称是一个节目给观众留下的第一印象，如果名称不够吸引人，很难想象这个节目能够做得长久。其次要注意节目宣传语是否朗朗上口，是否使人难以忘怀。另外，主持人的语言、服饰、肢体语言等风格，也是一个节目能否形成好的品牌的不可忽略的因素。

要进行节目的品牌建设，首先要有一个专业的团队，其次要具备丰富的市场营销经验，通过营销宣传把优秀的节目推广出去，吸引更多的女性观众收看，提高收视率。同时，应确保每一期节目的质量和整体效果，如果收视率有所下降，要积极反思，及时发现和排除不利于节目质量的布局、主题、嘉宾、后期制作等因素。寻找冠名商时也应充分考虑冠名商与节目类型的契合度，绝不能给钱就可以冠名，为了暂时利益而损害节目品牌，这是得不偿失的。

我国女性社会地位的提高以及女性对时尚美丽的热切希望，催生了女性电视节目。经过十多年的发展，我国女性电视节目丰富了电视节目的类型，在众多热门节目中占据了一席之地，虽然目前还存在着某些不足，但依然可以欣喜地看到，我国的女性电视节目已经在初步发展阶段展现出迅猛的发展势头以及蓬勃的生命力。当然，未来我国女性电视节目仍然存在着很大的发展空间。应充分挖掘自身优势,全面借鉴国内外优质的同类节目,为我所用。同时,节目应形成自己的品牌优势和创新特色,以推进我国电视事业的进步和发展,推动整个时尚产业的更新迭代。

〔陆蓓,河北传媒学院影视艺术学院讲师,主要研究领域:广播电视编导;贾宝玲,河北传媒学院影视艺术学院讲师,硕士,主要研究领域:戏剧影视理论〕

不成问题的问题:2017 年中国电影片名英译的观察与思考*

谭 慧

【摘要】要“走出去”的中国电影遇到的第一个问题,就是如何翻译好电影片名。好的片名译名能凝练电影的内容、主旨与艺术价值,吸引观众眼球,激发其观看欲望。2017 年的中国电影片名英译出现了一些值得注意的新现象,更加注重中国文化元素的使用,主创团队的参与性更强,译名“国际范”的趋势更加明显,但也存在一些值得商榷的问题。中国电影翻译要顺应时代的发展,从更宏观的角度把握和调整电影片名的翻译策略:不同类型的影片采用不同翻译方式;不同国家和地区使用不同译名;注重英汉思维差异,化繁为简,化虚为实,化暗为明。

【关键词】中国电影 片名英译 文化自信

2017 年中国电影本土市场年票房 559 亿元,国产电影海外票房和销售收入 42.53 亿元,相比上年的 38.25 亿元增长 11.19%。这一年,党的十九大胜利召开,中国特色社会主义进入新时代,坚定文化自信、向国际社会展示社会主义文化的繁荣兴盛被推到前所未有的高度。这一年,《中华人民共和国电影产业促进法》开始实施,中国从电影大国到电影强国有法可依,也为中国电影“走出去”开拓了更为广阔的路径。围绕中国电影如何“走出去”的讨论如火如荼地展开。在全球化语境中,中国电影如何紧跟国际电影发展的脚步,如何以更加开放的国际视野、更加主动的自信姿态、更加鲜明的民族审美积极融入全球电影市场等,都成为令人热议的话题。

“走出去”,让中国电影在中国以外的市场传播,被中国以外的电影观众接受,遇到的第一个问题就是如何翻译好电影片名。一个画龙点睛的电影译名,加上立体全方位的宣发,往往会决定观众对电影的第一印象,直接影响观众的观影决定,为影片的口

* 本文为 2017 年度北京社科基金研究基地重点项目“一带一路背景下中国电影在东南亚国家的传播研究”(项目号:17JDYTA006)的研究成果。

碑发酵推波助澜。相反,一个用心不足、火候欠佳的电影译名就会让观众困惑不解,成为中国电影进军海外的绊脚石。电影译名这一看上去无关宏旨的小问题,其实是中国电影"走出去"的一个大关口。本文主要考察 2017 年中国电影片名的英译情况,探讨其中的得失,提出片名英译的策略。

一、观察

随着我国国际地位不断提高、文化领域国际交流日益频繁,2017 年的中国电影片名英译呈现出了一些新的现象。

(一)从"归化"到"异化",彰显中华文化自信

"归化"是指以目的语文化为归宿,遵守目的语文化当前的主流价值观,运用目的语中类似或较为接近原语文化的表达,传递原语文化的一种翻译策略;而"异化"则主张凸显原语语言及文化特色,传递原语文化内涵。翻译时究竟采用"归化"还是"异化"策略,自然不能一概而论,需要审时度势,仔细斟酌。

在中国电影片名英译中,采用"归化"策略,尽量接地气,贴近目的语观众文化习俗的做法不在少数。例如 2016 年冯小刚导演的《我不是潘金莲》,英文译名为 *I Am Not Madame Bovary*,意为"我不是包法利夫人"。法国作家福楼拜的小说《包法利夫人》虽是经典,但影片中小镇开餐馆卖牛骨汤的中国乡下妇女形象和包法利夫人的小资产阶级形象大相径庭,并且西方对于包法利夫人的普遍认知更多地停留在她所经受的某种疯狂的折磨,而不是赋予她一个荡妇的形象。这种所谓接地气的"归化法"弄巧成拙,让人不知所云。

过于牵强附会的迎合翻译体现的是一种文化弱势。随着中国大国地位的确立、"坚定文化自信"概念的提出,在片名英译中适当采用"异化法",嵌入中国文化元素,有利于进一步提高中国文化的影响力。

影片《龙之战》(2017)的片名翻译为 *The War of Loong*,是国内首部把"龙"翻译为"loong"的电影。影片改编自中国近代史上的镇南关大捷战役,讲述了 1885 年法军进攻越南谅山,大帅冯子材率领广西狼兵顽强抗击法军,最终取得胜利的英雄故事。该片充满浓烈的家国情怀,将一位老将对国家民族的忠肝义胆演绎得淋漓尽致。"龙"在西方普遍采用"dragon"一词,取象窄狭、外貌丑陋,主要代表魔怪、邪恶与祸祟。而将"龙"译为"loong",摒除了 dragon 一词的负面文化意象,象征和谐、正义与吉祥,突出了影片对于中国士兵通过自己的智慧和勇气攘除外夷、守护疆土的精神的歌颂,显

示了充分的文化自信。

袁和平导演、徐克编剧的《奇门遁甲》(2017)片名英译为 *The Thousand Faces of Dunjia*,其中"Dunjia"为中文音译。要翻译这个片名,必须先清楚什么是"奇门遁甲"。《奇门遁甲》是中国古代术数著作,以易经八卦为基础,结合星相历法、天文地理、八门九星、阴阳五行、三奇六仪等要素,是中国预测学的集大成者。1982 年,袁和平执导过同名奇幻电影《奇门遁甲》,片名译为 *The Miracle Fighters*。35 年后,袁和平再次执导《奇门遁甲》,片名中不再使用"miracle",而是采用"异化"策略,直接将"遁甲"音译为"Dunjia",赋予了"千面幻术"某种东方神秘性,也从一个侧面体现了中国文化自信在逐渐增强。

影片《村戏》(*Bangzi Melody*,2017)由郑大圣导演,获得台北金马影展和中国电影金鸡奖多项提名。该片讲述 20 世纪 80 年代初,一个北方村庄的村民一起排演一出村戏的故事。电影的英文译名中"Bangzi"即晋剧的别称"梆子",电影中村子里准备排演的是晋剧经典剧目《打金枝》,再加上"melody"一词加以阐释,切合影片内容。若翻译成"Opera",不仅无法切题,也失去了影片所包含的独特中国文化元素,流于泛泛。

2017 年有两部电影改编自经典名著《西游记》,分别是徐克携手周星驰推出的《西游伏妖篇》(*Journey to the West: The Demons Strike Back*)和郭子健导演的《悟空传》(*Wukong*)。前者是 2013 年国产电影总票房冠军《西游降魔篇》(*Journey to the West: Conquering the Demons*)的续作。20 世纪,周星驰的《大话西游》系列电影曾让无数粉丝倾倒,当时的两部电影片名分别为《大话西游之月光宝盒》(*A Chinese Odyssey Part One: Pandora's Box*,1985)和《大话西游之大圣娶亲》(*A Chinese Odyssey Part two: Cinderella*,1995)。这两部电影的译名采用了典型的西方文化元素:"Odyssey"(奥德赛)、"Pandora's Box "(潘多拉的盒子)和"Cinderella "(灰姑娘),仅从译名上看,没有《西游记》原著的一丝痕迹。而到了今天,《西游伏妖篇》和《西游降魔篇》均以"Journey to the West"为名,体现了对中华优秀传统文化的有力传承与发展。《悟空传》更是直接以"孙悟空"的音译"Wukong"为名,或许为了避免撞车,连"Monkey King"也舍弃不用了[①]。

此外,成龙主演的《功夫瑜伽》(*Kung Fu Yoga*,2017)和张艺谋导演的《长城》(*The Great Wall*,2016),在片名中都不约而同地使用了已经普遍为西方观众所熟悉的中国文化元素。

---

① 2015—2018 年,还有 4 部电影取材于《西游记》,分别是:动画片《西游记之大圣归来》(*Monkey King: Hero is Back*,2015)和郑保瑞导演的《西游记之大闹天宫》(*The Monkey King*,2014)、《西游记之孙悟空三打白骨精》(*The Monkey King 2*,2016)、《西游记之女儿国》(*The Monkey King 3: Kingdom of Women*,2018)。

(二)从旁观者到参与者,主创参与翻译的力度加大

对于电影创作者来说,片名所具有的意义不只是为了吸引观众,往往还融入了电影创作者们对于影片的理解与情感。中文片名如此,英文译名也是如此。在中国电影海外传播越来越被看重的今天,主创团队的参与意识也越来越强,电影翻译不再只是简单交给翻译团队去完成的任务。

香港导演彭浩翔的“志明春娇”系列电影的英文译名颇为抢眼。《志明与春娇》(*Love in a Puff*,2010)、《春娇与志明》(*Love in the Buff*,2012)、《春娇救志明》(*Love off the Cuff*,2017)三部电影的中英文片名都值得玩味。两个主角之所以叫作“志明”和“春娇”是有来历的。“春娇与志明”是来自台湾地区的俗语,象征爱情里面的善男信女,是没有特定对象的泛指,每一对情侣都可以是春娇和志明,互相吸引、彼此爱慕。就像法语里的“Jules et Jim”,英语里的“Jack and Jill”,约定俗成,无须解释。但如果把片名翻译成 *Chunjiao and Zhiming* 或者直接归化成 *Jack and Jill*,不仅外国观众无法理解,台湾地区以外的华人观众也会觉得不伦不类,一头雾水。彭浩翔是位十分注重给电影取名的导演,他的成名作是《买凶拍人》(*You Shoot*,*I Shoot*)(2001)。片名中的“拍”并非杀人,而是指拍摄,讲的是阔太太雇杀手杀人还要求把杀人过程拍下来的黑色幽默故事。英文片名中“shoot”一语双关,既是“开枪”,又是“开拍”。“志明春娇”系列电影的英文译名对仗工整:*Love in a Puff* 中,“a puff”指喷出的一团烟,配合电影内容可以理解为“在吸烟时产生的爱情”;*Love in the Buff* 中,“buff”在西方俚语里的意思相当于“麻烦、烦恼”,导演在采访中提到片名意为“恋爱的烦恼”①;*Love off the Cuff* 中,“cuff”意为“手铐”,可以理解成“摆脱束缚的爱”。英文片名完美诠释了春娇与志明在8年间从在香港认识,到北京重归于好,再到后来一同去台湾旅行这段完整的恋爱过程。无论电影的中文片名还是英文片名,导演都亲力亲为、精雕细琢。

梅峰导演的《不成问题的问题》(*Mr. No Problem*)改编自1943年老舍的同名小说。讲述的是在20世纪40年代的大后方重庆,一个物产丰富的树华农场却总是赔钱,作为农场主的丁务源周旋于各色人之间,圆滑地打理着农场的大小事情。丁务源在面对各种状况时,都会斩钉截铁地下结论:“没有问题,绝对的!”倒不是说他能力很强,但他确实能让问题消失,也就是所谓的“大事化小,小事化了”“一扯二拖三忘光”“天下事都绝对没有问题”——因为他根本不去办。片名翻译为 *Mr. No Problem*,既有

---

① 《春娇与志明》再见亦是恋[EB/OL]. http://ent.ifeng.com/idolnews/yuping/detail_2012_03/31/13586502_0.shtml.

《憨豆先生》(*Mr. Bean*,1990)的幽默气质,又有画龙点睛的传神功效。导演梅峰编剧出身,曾获戛纳电影节最佳编剧奖。从该片前期到后期,他事必躬亲,对于影片片名的翻译也自然有他自己独到的见解。

韩寒的《乘风破浪》一片的英译名甚至用上了自己的网名[①]:“Duckweed”(浮萍)。该片讲述了不被父亲理解的赛车手徐太浪意外经历一场奇妙冒险的故事。作家出身的韩寒对于文字情有独钟,中文片名“乘风破浪”既含有主人公的名字,又表达了“无论世界有多么大的风浪,都希望可以与自己的爱人和孩子,一起乘风破浪”的情怀。英文片名 *Duckweed*,则更像是导演自我抒发的映照,片中主人公都是飘摇不定的“浮萍”,动荡不安。然而,“乘风破浪”也好,“浮萍”也好,这两个电影片名都不足以让人一眼看穿故事主题,文艺气质十足,疏离陌生感却挥之不去。

而在《我不是潘金莲》的片名英译中,冯小刚显然只是一个旁观者。“我不是潘金莲”是这部电影内部的元素,是导演想要强调的女主人公李雪莲的自我判断与自我认识,而“I Am Not Madame Bovary”仅是这部电影的外部标签,来自电影宣发与翻译团队的商业意识,是他们为西方观众拟定的入口。

(三)从割离到融合,用外国文化包装中国元素

如果译者没有充分理解电影的内容、主题以及导演的创作意图,电影的英译名就会和电影本身割离,无法凝练电影的内容、主旨或艺术魅力。最为诟病的例子是《霸王别姬》。该片蕴含深厚的文化内涵,气势恢宏、感情强烈、情节细腻深远,但英文译名却为 *Farewell My Concubine*。“concubine”一词意为“妾、小老婆、情人”,完全无法表达电影中程蝶衣对师哥段小楼的复杂感情。英文译名如果能和电影内容有机结合,目标观众的代入感和融合感将会大大增强,观影体验也会截然不同。

2017 年台湾导演程伟豪的悬疑惊悚片《目击者之追凶》可谓大放异彩。该片为当年豆瓣电影评分最高的华语电影,在第 54 届台北金马影展以及第 20 届上海国际电影节上都获得了多项提名。该片的英文片名为 *Who Killed Cock Robin*?(谁杀死了知更鸟?)。细读影片会发现,整个故事就是英文片名的中国演绎,环环相扣,处处点题。“Who killed Cock Robin?”出自英国著名童谣集《鹅妈妈童谣》,讲述知更鸟原本被天上所有的鸟儿喜爱,最后却在小鸟审判中死亡的故事。看似荒诞的童话故事,尤其是最后“下回的受审者”竟然是童谣中一开始就杀了知更鸟的麻雀,杀人者亦会受到审判,使这首童谣添加了因果循环的深层含义。“知更鸟”因此在西方世界被广泛用作

① 参见“心若柳絮风吹远,身似浮萍雨打沉”[EB/OL]. http://i. mtime. com/691139/blog/7997293/.

谋杀原型的象征符号。

《目击者之追凶》讲述一个依靠报道突发事件谋生的记者,在拍摄一场交通事故后,意外地被卷入 9 年前波诡云谲的事件调查中。突发、扬名、打击、调查、揭秘、上位,一个快节奏的犯罪案件被导演程伟豪用闪回镜头和不断的反转策略操纵,童谣里包含的被害者、加害者、旁观者、目击者等各种角色在电影里都得到了呼应。影片开始就是闪回镜头,男主角阿齐在 9 年前的那个雨夜目击了车祸发生。夜晚,远方雷电交加;近处,一只蓝色羽毛的小鸟飞到栏杆上,仿佛上帝视角一般观察着这座城市。这是影片第一次点题:中文片名的"目击者"和英文片名的"知更鸟"。影片将近结束的时候,小鸟再次出现,借受害者之一徐爱婷的眼睛看到了窗外空调上的小鸟,在"啾啾"叫声中小鸟旋转飞走,再次点题。中文片名和英文片名在影片中得到了有机融合。小鸟是事件全部的目击者,宿命轮回、首尾呼应。导演程伟豪也是该片的编剧,剧本改编前后花了五六年的时间,精雕细琢、用心打磨,并不是最后才将中文片名翻译成为英文片名。或许这正是该片中英文片名与影片内容水乳交融的重要原因所在。

(四)模仿、套用与改写,对外国电影片名的借鉴

中国电影在英译片名时喜欢效仿外国电影片名,尤其是经典影片的片名。一来结构固定,容易套用;二来借用经典,吸引眼球。恰到好处的模仿能不露痕迹又体现创作者意图,而拙劣的模仿却只能画虎类犬,让人不知所云,甚至心生反感。

美国经典电影《美国往事》(*Once Upon a Time in America*,1984)的影响力不容小觑,其电影名含义深远、结构清晰,已成为诸多中国电影英译名的套用公式。例如徐克导演的《黄飞鸿》(*Once Upon a Time in China*,1991),何润东和宋佳主演的《西藏往事》(*Once Upon a Time in Tibet*,2010),黄渤主演的《青岛往事》(*Once Upon a Time in Tsingtao*,2015)等。2017 年,《东北往事之破马张飞》(*Once Upon a Time in the North-east*)和《三生三世十里桃花》(*Once Upon a Time*)两部电影英译名借用了这个结构,但是影片的口碑和票房都不理想。不加思索,甚至是图省事的模仿,无疑有东施效颦之嫌。《三生三世十里桃花》小说在译介到国外时,定名为 *To the Sky Kingdom*。小说中"三生三世,十里桃花"的句子被翻译为"Life after life,blooms over blooms",似乎都比千篇一律的"Once Upon a Time"胜出一筹。

除此以外,电影英译名简单套用外国片名的例子在 2017 年还有不少。例如,《傲娇与偏见》(*Mr. Pride vs. Miss Prejudice*)和《陆垚知马莉》(*When Larry Met Mary*)。前者模仿简·奥斯汀的"Pride and Prejudice",后者将美国电影《当哈利遇到莎莉》(*When Harry Met Sally*,1989)的片名改头换面。影片《情圣》(*Some Like it Hot*)甚至直接搬用

了比利·怀尔德导演、玛丽莲·梦露主演的《热情似火》(*Some Like It Hot*,1959)一片的片名,这已经不是致敬经典,而是有盗用经典、虚张声势之嫌了。

Blues(布鲁斯)也是中国电影片名十分喜爱的词汇。毕赣导演的《路边野餐》(*Kaili Blues*,2016),王小帅的《日照重庆》(*Chongqing Blues*,2010),徐克的《上海之夜》(*Shanghai Blues*,1994),都不约而同地采用了这个听上去诗意朦胧的音乐词汇,虽然这些电影与音乐并无联系。自然,有很多外国电影片名中也带有 blues 一词。例如,斯派克·李的《爵士风情》(*Mo' Better Blues*,1990)是一部展现好莱坞黑人爵士乐手的电影,西班牙电影《唱翻哈瓦那》(*Habana Blues*,2005)讲述的是哈瓦那一个地下乐团的两个灵魂人物的故事。Blues 一词确实能传达某种中国文化所青睐的不可言说的意境,但如果都以"中文地名拼音 + Blues"的形式呈现电影片名,反而辨识度不高,重复堆砌之意明显。

此外,中国电影对 Mr. 作为电影片名也很钟爱。有很多影片将 Mr. 一词运用得恰如其分、活灵活现,为影片增色不少。如前文提到的《不成问题的问题》(*Mr. No Problem*),还有《北京遇上西雅图》(*Finding Mr. Right*,2013)、《夏洛特烦恼》(*Goodbye Mr. Loser*,2015)、《滚蛋吧,肿瘤君》(*Go Away, Mr. Tumor*,2015)等片。也有运用不成功的案例,例如《老炮儿》(*Mr. Six*,2015)。该片中"老炮儿"是指"六爷",而"老炮儿"一词在北京话中专指提笼遛鸟、无所事事的老混混儿。片名英译成 *Mr. Six* 并无过错,但无法体现出六爷的性格特点,也不能很好地传达影片内容。

二、思考

电影译名肩负着导视、促销和传播的三重功能,对电影的成功至关重要。如何顺应时代的发展,从更宏观的角度把握和调整电影片名的翻译策略,是当前需要讨论的话题。

(一)针对不同类型的影片采取不同翻译方式

片名会引导观众的观影方向,帮助观众判断一部影片究竟是爱情片、喜剧片还是恐怖片。例如,看到《红海行动》(*Operation Red Sea*)和《战狼》(*Wolf Warrior*),观众能初步判断这是战争片或动作片;而看到《熊出没》(*Bonnie Bears*),观众就知道这是一部动画片。因此,片名英译时也应根据影片不同类型采取不同翻译方式。

纪录片片名英译的首要因素应是"信"和"达",必要时可以加上副标题。2017 年是中国纪录片大放异彩的一年。有别于传统的主流电视台纪录片,越来越多的独立纪录片摒弃了“美食”“旅游”“民俗”的内容主旨,凭借独特的人文视角,对公共议题进行深入思考,不刻板、不煽情、有观点、有态度,拿到龙标得以在全国公映。尽管影院排片率很低,但纪录片登陆院线并成为社会议题风向标已经是一大突破。纪录片《二十二》(*Twenty Two*)于 2015 年拍摄完成,2017 年在影院上映。“二十二”,是时至 2014 年中国仅存的慰安妇数量。片名平实地翻译成 *Twenty Two*,就像影片中那些慰安妇幸存者,没有人们所期待的苦大仇深,而是静静地叙述、轻轻地哼唱。《天梯:蔡国强的艺术》(*Sky Ladder: The Art of Cai Guo - Qiang*)由奥斯卡金像奖获得者凯文 · 麦克唐纳(Kevin Macdonald)导演,是关于当今世界最重要的艺术家之一蔡国强的首部电影纪录片。用副标题的形式,片名将影片主线和所阐释的内容完美结合,让人一目了然。《摇摇晃晃的人间》(*Still Tomorrow*)讲述了患有脑瘫的农村女诗人余秀华的故事,英文片名更像是中文片名的延伸,意味着虽然摇摇晃晃却也步履不停。

以儿童为目标观众的动画片片名英译应该简明易懂,符合孩童心理。系列电影《熊出没》在 2017 年依旧颇受欢迎。从 2014 年开始,《熊出没》系列电影英译名分别为《熊出没 · 夺宝熊兵》(*Bonnie Bears: To the Rescue*,2014)、《熊出没 · 雪岭熊风》(*Bonnie Bears: Mystical Winter*,2015)、《熊出没 · 雄心归来》(*Bonnie Bears III*,2016)、《熊出没 · 奇幻空间》(*Bonnie Bears: Entangled Worlds*,2017)。中文片名的副标题基本都是整齐的四字格,英文片名的副标题中 mystical、entangled 等用词都过于复杂宏大。迪士尼的几部动画片,如《寻梦环游记》(*Coco*,2017)、《飞屋环游记》(*Up*,2009)、《玩具总动员》(*Toy Story*,1995)、《冰雪奇缘》(*Frozen*,2013)、《超能陆战队》(*Big Hero 6*,2014),取名都非常简洁,只用了一两个词语,朗朗上口,目标观众定位相当准确。2017 年上映的另一部口碑不错的动画片《阿唐奇遇》(*Tea Pets*),讲述在中国南方一座热闹城市里的一间茶叶店中一群陶瓷茶宠的故事,阿唐是故事的主人公。片名翻译为 *Tea Pets* 显然是为了呼应影片内容,中规中矩,但直接以主人公的名字 Tang 命名似乎也是个不错的选择。

(二)针对不同国家和地区使用不同译名

由于文化差异,在不同国家和地区使用不同的电影译名能尽可能减少文化折扣,更精准地传达主创团队的意图,最大化地体现电影的艺术价值和商业价值。

如果用同一个电影名,即使同样是华语圈,港台电影在大陆上映时有时也会因为片名陌生而遇冷。台湾导演魏德圣的影片《赛德克 · 巴莱》(*Warriors of the Rainbow: Seediq Bale*,2011)在大陆上映时遇挫就与片名有关。“对于没有看过本片的观众来说,(对片名的)理解和记忆均有难度"①,让人望而生怯。2017 年王晶导演的《追龙》(*Chasing the Dragon*)讲述香港现代史上两大著名狠角色大毒枭跛豪和五亿探长雷洛的传奇故事。该片以"龙"为名,里里外外却无龙的踪影,在内地上映时未免让人疑惑。事实上,"追龙"是香港俚语,本指一种吸毒方式,用锡纸加热海洛因会产生烟雾,这个烟雾有点像龙的形状,吸毒者会追随烟雾的方向吸食,故称"追龙"。现在"追龙"已经成了吸毒的代名词,在香港使用得相当普遍。香港反吸毒运动的口号就是"生龙活虎莫追龙"。如果不是导演王晶和主演刘德华、甄子丹的号召力,该片很可能铩羽而归。该片的英文名直译自中文片名,既不能传达影片内容,也无法表现影片主旨,就对香港文化更为陌生的欧美观众来说,片名更是让人莫名其妙。

针对不同目标观众使用不同的电影名有时能收到四两拨千斤的效果。张艺谋的《十面埋伏》讲述晚唐时期,两个捕快收到限期缉拿"飞刀门"新任帮主的任务,在执行任务过程中与一个歌妓发生的爱情故事。中文片名《十面埋伏》取自琵琶独奏曲名《十面埋伏》,电影借此曲名,讲述两个男人之间的爱情战争。在北美以及欧洲上映时英文译名为 *House of Flying Daggers*,贴合西方人的思维方式,直接使用电影中提及的主线"飞刀门"作为片名,简明扼要。不过,用"school"替换"house"似乎更为贴切。在韩国上映时,该片则改名为《恋人》(*Lovers*)。因为在韩语中,"恋人"和"情人"的意思相同,对年轻观众群体很有吸引力。该片当年在北美口碑票房双丰收,在韩国也大受欢迎,"仅用周末三天时间就轻取票房冠军,打败了连续两周坐镇榜首的斯皮尔伯格新片《幸福终点站》"②。

(三)注重英汉思维差异,化繁为简,化虚为实,化暗为明

东西方思维模式存在诸多差异,电影片名的构成也大相径庭。中国文化讲究意境和韵律,因此中国电影片名多用四字词语、象征性词语以及富有诗意的句子,例如《花样年华》《三生三世十里桃花》《那些年,我们一起追的女孩》等。而西方文化注重分析和局部,强调思维的解析性,因此英语电影片名多使用影响剧情发展要素(人、事、物、地点等)的具体化、概括性的词语作为影片名,例如 *Coco*(《寻梦环游记》)、*Waterloo Bridge*(《魂断蓝桥》)等。思维习惯不同,对片名的期待、了解方向也不同。留意目标观众的思维习惯,尽量降低文化折扣,是片名英译时必要的策略。

---

① 《赛德克·巴莱》遇冷,魏德圣检讨片名[EB/OL]. http://news.163.com/12/0520/02/81TORJ6J00014AED.html.

② 《十面埋伏》韩国票房夺冠 章子怡最受喜爱[EB/OL]. http://www.jxnews.com.cn/oldnews/n1057/ca729189.htm.

叶伟信导演的《杀破狼 · 贪狼》讲述了香港警察李忠志远赴泰国寻找女儿,不料卷入黑暗的政治纷争的故事。影片的英文片名为 *Paradox*。即使对于内地观众来说,“杀破狼”和“贪狼”这两个词也令人颇为费解。“杀破狼”是源于紫微斗数里的一个术语,而紫微斗数是中国传统命理学里最重要的支派之一,以星宿配合十二宫的术数来判定命运。“贪狼”与“七杀”“破军”相似,指的都是北斗七星里的一个星位。当“贪狼”“七杀”“破军”在命宫三方四正会照时,即构成“杀破狼”的格局。从电影名到剧情设置,影片都在宣扬一种与生俱来的宿命感。片名翻译为 *Paradox*,意味着片中人物各有各的两难境地,无法自拔。译名化繁为简,言简意赅。

影片《嘉年华》(*Angles Wear White*,2017)聚焦在两个少女的身上,讲述在一家旅店打工的小米,碰巧成为在旅店发生的一起案件的唯一知情者。为了保住自己的工作,小米决定保持沉默。一番挣扎与挫折之后,她终于醒悟,说出事情的真相。何为“嘉年华”,导演文晏这样解读:“我们生活在一个嘉年华似的时代,喧嚣之下我们没有时间与耐心去重新审视成长的意义。”①片名译为 *Angles Wear White*,与影片中的白衣女子意象遥相呼应:身穿白衣的梦露雕像,以及身体被玷辱的常穿白色连衣裙的小文和新新。译名化虚为实,恰到好处地点明了这个片中极具辐射力的意象。

曾志伟主演的电影《一念无明》(*Mad World*)2017 年在内地上映。影片改编自香港真实新闻案件。以一个家庭悲剧描绘社会大众对精神病患的漠视与不友善,讲述一对怀着沉重愧疚的父子如何面对过去的故事。导演自己这样阐述:“片名我自己也想了很久,这不是一个容易记住的名字。‘无明’的意思就是看不见,看不清楚,‘一念’的名字就是取自佛家的说法‘一念代万念’。你一个念头,后面还有一个,后面还有一个,你第一个念头看不清楚,然后做的事情都不是很精确。他们都是爱对方的,他们都不是外人,电影里面我自己觉得没有外人,所以他们互相伤害的时候就是‘无明’的,看不清楚他真的要做什么。”②一个四字片名,蕴含深刻的佛家文化,也饱含导演的创作情怀。片名译为 *Mad World*,一语道破天机,直接挑明影片的主旨,渲染了影片的气氛。

三、结语

2017 年的中国电影片名英译得到了包括主创团队在内的前所未有的重视,出现

① 有温度的嘉年华[EB/OL]. http://hznews.hangzhou.com.cn/wenti/content/2017-11/05/content_6706362.htm.

② 电影《一念无明》映后交流会 导演黄进采访实录[EB/OL]. http://m9.baidu.com/feed/data/landingpage? s_type=news&dsp=wise&nid=15305854980040307102&p_from=4.

了一些新现象,但是仍然存在不少可以商榷的地方。“一名之立,旬月踟蹰。”一部好的电影固然是主创凝心聚神的结晶,一个合适的电影译名也往往让人大费周章。在中国电影海外传播的路途上,好的译名只是第一步。有了好的译名,再配合充分的海报宣传、预告片发布等宣发工作,不断给目标观众以强化,才能在影片正式上映后取得较为满意的效果,让越来越多的人通过电影了解中国文化,更好地促进中国与其他国家的文化交流,通过文化软实力和票房收入所获得的经济硬实力提升我国的国际影响力。

〔谭慧,北京电影学院教授,硕士生导师,主要研究领域:电影文化传播、北欧电影研究〕

美术与设计

浅析图像边框的视知觉认知

宋艳丽　杜宏艳　刘　迪

【摘要】在图像传播过程中,边框发挥着独特的作用。从视知觉角度讲,边框包括具体边框和抽象边框,不同的图像边框传递着不同的信息,代表着不同的含义。边框作为图像的重要组成部分,发挥着重要的功能,边框可以使图像传递的意义更加明确,而边框的造型可以形成不同的内空间,对图像的作用力也会不同。边框是图像重要的构成元素之一,也是图像的一种特殊的表现形式。作为一种独特的信息传播方式,边框不仅能够打破具体的物体边框,也能从抽象的限定性边框中给予图像新的内涵,给观众营造出集中、具体的空间和视域。

【关键词】图像　具体边框　抽象边框　边框内空间

一、图像边框研究现状及本课题的提出

随着信息时代的发展,人们对图像的生产和消费有了更高层次的需求,这不仅体现在图像本身所传递的信息和意义中,同时也体现在图像的载体上,而这个载体就是边框。

对于图像边框的认知和研究,前人已有相关成果。有学者从后期制作软件角度展开研究,如秦洪杰的《如何使用 Photoshop6.0 美化图像边框》①一文,论述了给图像边框加以修饰的方法:通道法、渐变法、路径法等;相关研究还有房鹏的《照片梦工厂:给照片加边框》②,张祖平的《批量给照片加边框和印章》③,乐进和王琦的《给照片加边框》④等,皆从后期图像处理的角度论述了图像边框的美化和修饰方式。

---

① 秦洪杰. 如何使用 Photoshop6.0 美化图像边框[J]. 信息技术,2004(8):47-51.
② 房鹏. 照片梦工厂:给照片加边框[J]. 中国信息化周报,2003(3):1.
③ 张祖平. 批量给照片加边框和印章[J]. 电脑知识与技术,2015(8):21-21.
④ 乐进和,王琦. 给照片加边框[J]. 照相机,2007(7):69.

陈妍以明清版画边框装饰的传统为研究对象，发表了《明清版画边框中的象征图像》一文①，论述了中国古代画作边框的装饰传统和美学意义。高远的《意大利文艺复兴时期画面边框的功能与意义——以安吉利科修士〈天使报喜〉壁画为例》②，则结合西方绘画所处的实际空间和文艺复兴早期的文化与宗教背景，论述画面与边框的关系，以及边框在形态和观念上的表现。

周骥从报纸版式设计的边框角度，发表了《边框颜色：不容忽视的元素》③一文，论述了边框在勾勒版面布局、协调版面内容方面的作用。

邱章红、裴之田从电影的角度展开研究，发表了《3D 电影镜头的边框效应》一文④，明确了边框作为影像世界与现实世界的一个切面，对连接两个世界所发挥的重要作用。

有学者从汉画像石边框界格的艺术性展开探讨，如王芳超的《汉画像石边框界格的艺术语言》⑤、杨絮飞的《论汉画像砖的边框艺术》⑥等，阐释了汉画像石边框界格多样化的表现形式。王锦辉、白建军的《浅谈印章印文的边框特征》⑦探讨了印章边框的特征，以及影响印章边框特征的因素。这些皆从中国传统绘画和印章传统出发，拓展了边框研究的思路和方法。

本文所提及的上述不同学科对边框的研究，虽然与本课题研究的关联性较弱，但这些学术观点却为本课题的研究提供了丰富的经验和视点。

与本课题研究内容最为接近的是南京大学新闻传播学院韩丛耀先生所发表的《图像边框的实践性认知》⑧一文。这是笔者收集到的唯一与图像边框直接相关的学术成果。该文从现当代视觉艺术的角度展开研究，深入、细致地阐释了图像边框的意义、功能等。然而，该文主要是结合绘画艺术品的实例对边框展开论述。笔者在总结借鉴韩丛耀先生理论研究的基础上，将侧重从摄影的角度对图像边框展开分析和解读。

---

① 陈妍. 明清版画边框中的象征图像[J]. 新美术，2017(12)：26-40.

② 高远. 意大利文艺复兴时期画面边框的功能与意义：以安吉利科修士《天使报喜》壁画为例[J]. 艺术设计研究，2015(2)：105-115.

③ 周骥. 边框颜色：不容忽视的元素[J]. 新闻实践，2007(7)：2.

④ 邱章红，裴之田. 3D 电影镜头的边框效应[J]. 中国传媒科技，2016(Z1)：115-117.

⑤ 王芳超. 汉画像石边框界格的艺术语言[D]. 西安：西安美术学院，2016.

⑥ 杨絮飞. 论汉画像砖的边框艺术：中国汉画学会会议论文集[C]. 郑州：中州古籍出版社，2008(4)：246-251.

⑦ 王锦辉，白建军. 浅谈印章印文的边框特征[J]. 中国司法鉴定，2007(4)：31-38.

⑧ 韩丛耀. 图像边框的实践性认知[J]. 南京艺术学院学报(美术与设计版)，2014(8)：80-84.

二、边框的认知

摄影师可以用无限舒展的横向边框来表现蜿蜒的河流、雄浑的大漠;画家可以用竖直的边框表现高耸入云的高山;而电影、电视则可以用蒙太奇的方式带给观众视觉上的更迭之感,以产生故事的连贯性和图像的转换。但不管以何种形式表达,艺术家和观众都需要对图像边框有深刻的认知和解读。图像边框可以赋予观众一种全新且集中的视域,同时它也是一种美学表现的新范畴。图像边框可以作为一种信息源进行信息传播①。那么,怎样定义边框呢?

"边框"一词来源于拉丁语"quadratum",是正方形的意思。在各种图像的外在及内在构成中,虽然并不是所有的边框都是正方形,但从词源上可知,边框首先被定义为抽象的几何形状②,尔后发展为多种形式的具象物体。从字面意义上解读边框,可以将其理解为图像的边界。图像是具象的,它具有大小、尺寸等规格,然而图像并不是无限的,而边框就是对图像规格和尺寸的一种限制③。

(一)具体边框与抽象边框

所有的图像都是以可感知、可触摸的物化形式出现的,这就决定了图像也需要相应的可感知、可触摸的物化载体,而边框则是物化载体的重要形态。在博物馆、美术馆中展出的绘画作品、摄影作品,乃至电视机、电影院放映的影像等都有其边框。边框使展出的图像边界得以突出、强化,我们称这种物化边框为具体边框。具体边框的制作通常是十分精致的,或雕以花纹,或镶以金边,边框受所展出图像的性质、重要程度和价值等因素的影响。边框的重要程度会随着其厚度、宽度、长度以及形状等的变化而变化。对于边框而言,在不同的制作和形态下,其被赋予的重要性是不同的。比如电视图像的边框取决于电视机的构造和外在形态,现下很多电视机的边框都弱化边框的形态,渐趋简约,以免喧宾夺主影响电视图像的突出,这与以往有着明显边框的电视机不同,太过个性化的边框会冲淡图像的表现④。

具体边框的作用使得图像必然有一个受制于其载体形式的物理边框,这也就是所谓的"限定性边框"。限定性边框将图像部分与非图像部分进行抽离、界定,边框之内形成"边框内空间"。与此同时,它也界定了边框外的场域和空间,即"边框外空间"。众所周知,图像所要传递的信息大部分都在边框限定的范围之内,而边框的认知就是

①②③④ 韩丛耀.图像边框的实践性认知[J].南京艺术学院学报(美术与设计版),2014(8):80.

认知“边框内空间”和“边框外空间”两个不同的空间、界面，以及意义的产生和解读。

限定性边框是伴随着具体边框的出现而产生的，但限定性边框又不是必需的，如大多数摄影作品和部分绘画作品，其图像中并没有预留视域边界，甚至大多数的图像即便留有视域边界，也不再是镶以边框的，这种情况我们称之为“抽象边框”。“抽象边框”没有实际存在的载体，也不会限定图像向画外延伸的空间，它可以使画中带有一种“像有限而意无尽”的视觉感受。

（二）边框与信息

在人们的日常生活中，随处可见边边框框，例如建筑、门窗、镜框等①。它们不仅是一种具有美感的外在形式，更具有一定的美学意义。作为图像语境中的边框则是图像传播过程中的重要元素，也是实现交互双方的重要组成部分。边框将一个相互关联的统一的世界独立出来。它可以归纳世界，将世间万物进行切割、重组，将特定的人或自然界呈现给观众，而边框所形成的外在的边框线则影响着观众对边框内空间的认知和解读。边框犹如切片，可以切割世界，观众可以对切割的世界进行意义的重组。从观众的视域来讲，边框是封闭的；从观众的心界而言，边框又是无限开放的②。

图1 《失明的图阿雷格妇女》

图像边框的作用是传递信息，帮助观众解读图像内涵。而在很多情况下，边框的作用和意义经常被人们所忽视。设想一下，如果没有边框将世界万物进行切割，那么观众就无法从图像中获取艺术家们的思想以及传递的信息。边框的重要作用和意义在纪录片、纪实摄影中表现得尤其突出。例如，巴西著名纪实摄影师塞巴斯蒂安·萨尔加多拍摄的《失明的图阿雷格妇女》（见图1）③，无疑是对人类苦难的真实写照。画中女子因沙尘暴和

①② 韩丛耀. 图像边框的实践性认知[J]. 南京艺术学院学报（美术与设计版），2014（8）：81.

③ 萨尔加多. 失明的图阿雷格妇女[EB/OL]. http://www.maltm.com.

疾病感染而失明,反映出天灾以及贫困、战乱带给民众身体和心灵上的双重困境。萨尔加多使用边框切割现实世界,赋予图像内空间新的意义,观众在解读图像的同时也是在解读人类的苦难。这是一种忠于现实而又超越于现实的信息传播与重构。

由此可见图像边框在信息传播中的重要意义。现当代的众多艺术作品均十分重视图像边框的重要价值和意义,有些艺术家对边框的使用达到了极致——边框内并没有实际的图像,仅仅是靠边框起作用。这无疑是一种观念艺术。艺术家并不是想通过图像传递什么具体的内容,而是透过边框传达一种信息、一种观念。例如电影中就经常会用到空镜头①。空镜头实际上就是一种边框。通过空镜头对自然界中场景的再现(可以是天空、湖海、高山、沙漠等),来交代时间或空间、抒发人物情感、渲染故事氛围等。空镜头具有象征、隐喻、暗示等功能②。此外,空镜头在时空转换和推进影片剧情方面发挥着独特的作用,是影片创作者抒情和叙事手法的结合,可以加强影片的艺术表现力。

(三)边框的作用

图像边框可以赋予图像新的内涵和解读的可能,物象一旦被限定,就会产生新的意义和内容。边框的限定、切割,既是对现实世界的记录,也是对现实世界的表现。边框所构建的新视觉,赋予与现实世界不一样的新的内涵。它不仅可以呈现真相,还可以让观众解读艺术家们的心象。对于艺术家而言,艺术作品往往是内容和形式兼具的。为了宣示个性,艺术家们对于美的表现形式可以说运用到了极致。边框赋予形式表现的简约化,当艺术家们将边框内的图像简约到极致的时候,人们就会将其定义为抽象。简约的形式往往蕴含着强烈、深刻的思想。图 2③ 所示的这一图形中,康定斯基将形抽象为一条曲线。这条曲线不仅是具有象征意义的符号化的存在,同时它作为一个形而完全独立存在,康定斯基称其为"内在声音"④。这条线所呈现出来的是具象里最低限度的艺术性与最强烈的抽象、抽象里最低限度的物象与最强烈

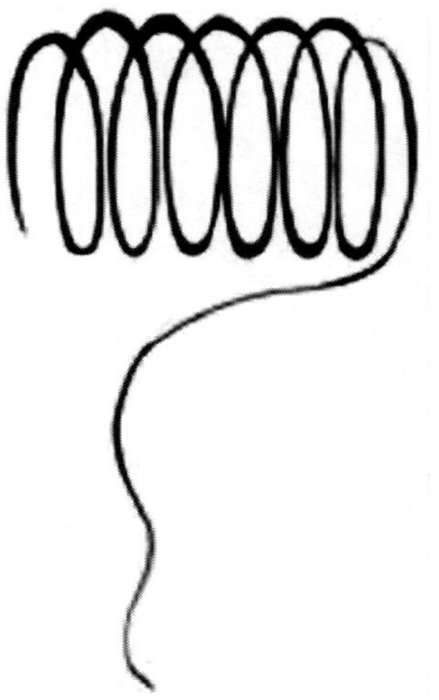

图 2 《线》

---

① 韩丛耀. 图像边框的实践性认知[J]. 南京艺术学院学报(美术与设计版),2014(8):81.

② 空镜头[EB/OL]. [2018-06-17]. http://www.baike.baidu.com.

③ 康定斯基. 线[EB/OL]. [2018-06-17]. http://www.wenku.baidu.com.

④ 韩丛耀. 图像边框的实践性认知[J]. 南京艺术学院学报(美术与设计版),2014(8):82.

的写实,因此可以得出这样一个结论:艺术性 = 物象,即外在的极大差异会成为内在的极大相同。而观众在认知这幅作品时,并不是被动地接受,而是主动地解读①。根据康定斯基的理论,使其边框内的形有意义的是边框本身。在康定斯基的《线》中,虽没有具体边框,然而,抽象边框在发挥着重要作用。抽象边框使这幅作品分出内外,变得有意义和有解读的价值。如若没有抽象边框,那么画面中的这条线便无从独立,更无从解读。可见,无论是具体边框,还是抽象边框,它们都是图像表达的重要路径和方式。

三、边框的功能

在艺术发展的历史长河中,边框是伴随着图像的出现而出现的。边框是构成图像的重要部分,有着重要的功能,具体表现为视觉功能、引导功能和经济功能等。

(一)视觉功能

边框将图像划分为图像内外两个空间。从整体上看,边框在图像内空间和图像外空间之间起着视觉转换的作用,使图像不至于以突兀的方式从画面内转换到画面之外。很多艺术家十分注重边框的这种转换功能,不仅会根据图像的风格制作相应的边框,也会顾及观众的视觉感受,制作满足观众审美需要的边框。在美术馆中,随处可见的一些传统画作大都使用的是镶金边框,这种边框能够使画布处于一种柔和的、暖黄的光线中,有益于观众对图像的视觉审美。

(二)引导功能

边框是面向世界的一扇窗户,艺术家巧妙地利用边框将图像的内部世界“隔离”,观众可以通过想象延伸图像的外部世界。尤其是在绘画领域,许多绘画家就是通过图像的边界对图像予以限制,使观众可以依据图像内部场域延伸至图像外部场域,这种功能可以称之为引导功能。引导功能的存在,能够使不同观众依据自己的审美经验产生独特的、丰富的想象。换言之,图像边框能将观众引向不同的想象空间,带给观众与众不同的世界。

① 韩丛耀. 图像边框的实践性认知[J]. 南京艺术学院学报(美术与设计版),2014(8):82.

(三)经济功能

从某种程度上来说,边框制作的优良程度在多数情况下取决于艺术作品的价值。边框的经济功能是伴随着图像的经济价值而出现的。图像是一种具有收藏价值和经济价值的艺术品,并且可以作为一种特殊存在的商品用于交易,故而边框作为艺术品的重要组成部分,也就相应地具有经济功能。这种经济功能宣告了图像艺术品的价值和珍贵程度。边框本身就是一种比较珍贵的物品,它的制作需要精良的工艺和精致的材料。用比较昂贵的边框装饰艺术品,无疑能够进一步提高本身就具有很高经济价值和收藏价值的艺术品的身价。

四、边框内空间与切割线

(一)边框的内空间

边框的造型是由四个点、四条边和四个角所组成的,这构成了边框的内空间。在边框内空间中,上下两边分别代表着天和地,左右两边是平行的,四条边的作用就是延伸、拓展和封闭。四条边会形成向心力,对外呈现的是张力,对内呈现的是吸引力。这主要是由于力的形式对于人们视觉和心理上产生的不同作用而形成的。根据牛顿第三定律可知,如果将主体物安排在图像中心,由于受力平均,力的大小、方向、作用相等,观看者就会产生心理上的稳定感,形成呆板的感受;而如果将主体物安排在黄金分割点上,力的均衡就会被打破,力场就会随之变化。

在边框空间内,对于中心点来讲,就是吸引力,对于边线来讲,就是排斥力。边框之内的四个角也会产生一定的方向性和作用力,如上面的夹角会形成上升之感,下面的夹角会形成下降之感。图像中的物体距离边角越远,这种作用力越弱,画面整体就会呈现出舒展、宽阔之感;相反,如果图像中的物体距离边角越近,画面整体就会呈现出紧凑、压抑之感。

(二)边框与切割线

图像的切割线与边框的结合会带给观众不同的视觉感受,观众视觉、心理上的变化会随着切割线的变化而变化,这是在长期的审美创作和审美经验中形成的规律。如果切割线和边框形成 90°角的垂直关系,就会带给观众平稳、安定之感;如果切割线和边框形成大于或小于 90°角的关系,画面就会形成某种变化,带给观众灵活、多样的视觉和心理感受。例如安德烈·科特兹1955年拍摄的作品《消失的动作》(见图3)①和法国纪实摄影师马克·吕布1957年拍摄的作品《埃菲尔铁塔上的油漆工》(见图4)②,前者表现出一种上升之感,而后者则表现出一种向下的趋势。艺术家们正是利用观众的审美视知觉效应,在简单的结构中表达着深刻的含义。

图3 《消失的动作》

图4 《埃菲尔铁塔上的油漆工》

五、结语

边框是图像重要的构成元素之一,也是图像的一种特殊表现形式。作为一种独特的信息传播方式,边框不仅能够打破具体的物体边框,也能从抽象的限定性边框中给予图像新的内涵,给观众营造出集中、具体的空间和视域。观众作为解读图像的主体,更是图像想象的主体,这个主体将现实世界和图像世界结合在一起,完整地完成了对于图像的解读。此外,边框的不同功能也在调节着图像的生产和消费,使图像更好地面向大众,并向大众提供更多认知和解读图像的方法和路径。

〔宋艳丽,河北传媒学院影视艺术学院讲师,硕士,主要研究领域:人文地理摄影;杜宏艳,河北传媒学院影视艺术学院讲师,主要研究领域:摄影艺术;刘迪,河北传媒学院影视艺术学院教学秘书,助教,硕士,主要研究领域:广播电视艺术〕

---

① 科特兹.消失的动作[EB/OL].[2018-06-18].http://image.baidu.com.

② 吕布.埃菲尔铁塔上的油漆工[EB/OL].[2018-06-18].http://image.baidu.com.

中国传统建筑真武阁

宗 佳 李鸿祥 胡 爽

【摘要】真武阁作为中国江南四大名楼之一,有关真武阁的研究者及其研究成果不在少数,但是他们多以真武阁特殊的悬空结构为研究对象,而对于真武阁整体建筑结构的研究依旧处于匮乏状态。基于对真武阁实际勘测数据的考量以及对其斗拱、柱类、柱础形式及体量大小的研究,真武阁在建筑模数上是有迹可循的。真武阁虽然为一处特殊的中国地方传统建筑,但其自身却有着模数上的规律,同一结构尺寸上虽有出入,但不足以影响其整体性。真武阁的建筑价值绝不仅限于杠杆的建筑结构,其斗拱与柱础的花式同样为中国地方传统建筑的研究增添了浓墨重彩的一笔。

【关键词】中国地方传统建筑 真武阁 建筑结构

序 言

中国的建筑文化源远而流长,位于广西容城县的真武阁以其独特的悬空形式在众多中国古建筑中独树一帜。据相关研究资料,真武阁始建于 1573 年(明万历元年)。1961 年年底,梁思成老先生对真武阁进行了考察并于 1962 年在《建筑学报》第 7 期上发表了《广西容县真武阁的“杠杆结构”》一文,给予真武阁极高的评价①,使得这座沉睡已久的中国建筑重新为世人所知,引起了学者们对其研究的兴趣,成果渐多,推动了人们对真武阁这一历史建筑的认识向前发展。但是,综观现有对真武阁研究的众多资料,我们发现还存在某些不尽如人意之处。在研究对象上,存在着重局部轻整体的现象。真武阁以其四根悬柱这一独特的结构而著称于世,因此,人们对它的研究往往把目光聚焦在这一局部结构上,而忽略了对真武阁整体结构的考察和研究,这就难免发生一叶障目、以偏概全的偏差。在研究方法上,存在着重文献研究法轻田野调查法的

① 梁思成. 广西容县真武阁的“杠杆结构”[J]. 建筑学报. 1962(7):3-11.

倾向。从现有研究成果中可以发现，许多研究者往往满足于搜集前人关于真武阁研究的相关资料，并以此为依据展开研究，而实地展开数据测量、计算、分析的较少，易于发生陈陈相因、人云亦云，甚至以讹传讹的情况。有鉴于此，笔者曾三次专程前往真武阁所在地广西容县，对真武阁展开实地考察：一是验证前人关于真武阁的资料，去粗留精、去伪存真；二是搜集更全面的与真武阁相关的数据，力求发掘前人未曾发现的某些新资料，形成对真武阁更加系统、综合的认识，为进一步的研究获取更详尽的资料。本文是在充分借鉴和运用已有研究成果，并在上述思路支配下开展调研、获得资料的基础上所形成的浅显认识，以就教于方家，切盼指正。

一、真武阁的由来

图1　真武阁

真武阁始建于1573年，据明万历四十八年(1620年)杨际熙篆刻的《重修武当宫碑》记载："万历元年(1573年)，泓与龚承恩等，复憾前修之未备，思以旧贯而扩充之。会首三十余人，博劝广收，募就多金，于是大兴工役，其时伍公临府从臾，群心竞跃，扩基寻丈，筑土坚乔；创造楼阁三层，隆栋蜚梁，斗窗云槛；辇神像，安置仙人，好楼仙将，帅列傍侍；而钟磬，而鼎炉，而廊舍，而垣墙，而庖厨，巍乎其有成也，为一邑之具瞻。"①由此可见，真武阁的前身为容县武当宫，真武阁是基于原容县武当宫经略台上的建筑群修缮之际扩建而来。"不仅扩大了原建筑地基的面积，更以夯土将地基深度加深了一丈有余，尔后才建了三层的阁楼，也就是今人所见的真武阁"。② 记载中的神像、侍者、钟磬、鼎炉、廊舍、垣墙和厨房如今都已不复存在。据《容县志》记载，建成的该阁本是一座道教建筑，尔后更名真武阁是因为"容俗民居缉篱编茅，往往不戒于火，谓南山耸峙，实为火宿，祀北帝，所以镇离火也"③。由于容县大部分的建筑以茅编织，容易失火，为了镇压南山火神，在绣江北岸建此阁楼，供奉镇火之神真武大帝，由此武当宫更名为真武阁。

① 杨际熙．重修武当宫碑[M]//容县志．万历四十八年．
② 刘彦才，刘舸．千古绝构——真武阁[J]．南方建筑，2016(12)：94．
③ 徐发．知县碑记[M]//容县志．

二、真武阁的现状

为便于理解真武阁的构造,我们有必要首先解读一下中国古建筑的构件。

在漫漫历史长河中,中国古建筑随着朝代的更替也发生着变化。从宋代的《营造法式》到清朝的《工程则例》,在建筑构件名称上发生了或多或少的变化①。例如,宋代《营造法式》当中所谓的“栿”,即今日之梁。所谓“三椽栿”即此梁承载着三根檩,“四椽栿”即此梁承载着四根檩,以此类推。而清朝《工程则例》当中将“三椽栿”称为“三架梁”,“四椽栿”称为“四架梁”。真武阁建于明朝万历年间,建筑样式大部分符合清朝《工程则例》的记载,但仍有部分结构与清朝建筑不尽相同,因此在介绍真武阁之前,将宋朝与清朝的建筑构件做个基本介绍可以为读者更好地理解本文内容搭建桥梁。

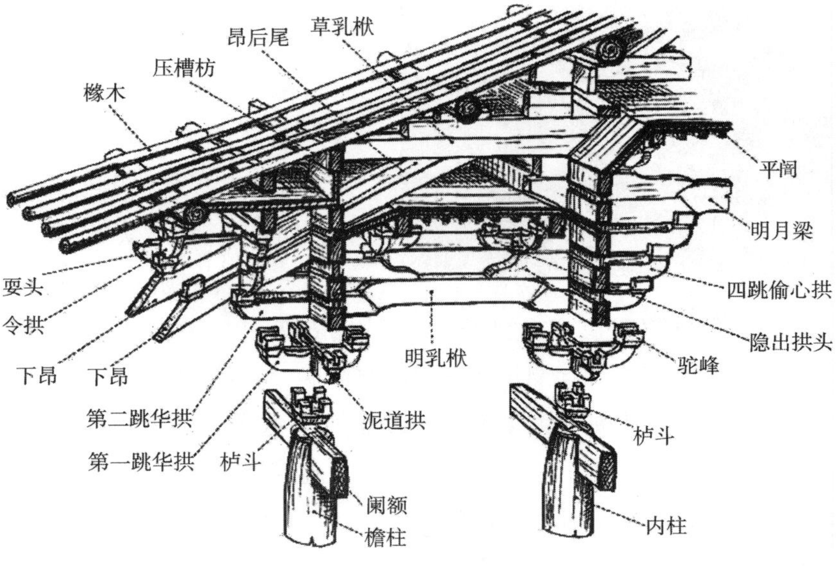

图 2 宋代《营造法式》中建筑构件名称

(一)真武阁的平面

从整体上来看,真武阁为一座三层的重檐建筑,其顶部采用的是歇山的手法。与传统官式建筑不同的是,真武阁的顶做得要比传统官式建筑更宽大。也就是说,真武

① 马炳坚. 中国古建筑木作营造技术[M]. 2 版. 北京:科学出版社,2003.

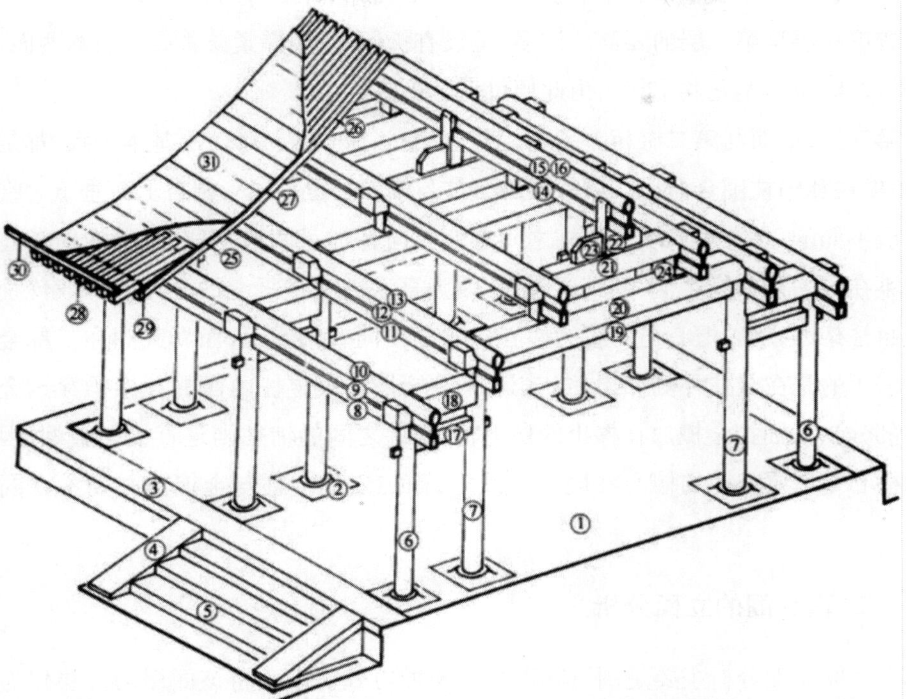

(1) 基座	(5) 踏跺	(9) 檐垫板	(13) 金檩	(17) 穿插枋	(21) 三架梁	(25) 檐椽	(29) 连檐
(2) 柱础	(6) 檐柱	(10) 檐檩	(14) 脊枋	(18) 抱头梁	(22) 脊瓜柱	(26) 脑瓜椽	(30) 瓦口木
(2) 阶条石	(7) 金柱	(11) 金枋	(15) 脊垫板	(19) 随梁枋	(23) 扶脊木	(27) 金椽	(31) 望板
(4) 垂带	(8) 檐垫板	(12) 金垫板	(16) 脊檩	(20) 五架梁	(24) 瓜柱	(28) 飞椽	

图 3 清朝《工程则例》中建筑构件名称

阁的歇山顶面不能按照传统官式建筑的歇山顶的模数来做收山。其原因在接下来的文章中会做详细的分析。真武阁这座中国传统的三层建筑,可以由下至上分别称为第一层、第二层和第三层(下述关于层数的称谓也依此数序)。

第一层,檐柱支撑着较为宽大的正面屋面。从平面上来看,真武阁的排柱方式与其他的建筑形式略有不同,与檐柱对应的四根金柱形成了真武阁一层的当心间,而檐柱在这四个金柱的外围对应位置均有立柱,从而形成了围绕当心间一周的回廊。在四根金柱的外侧 1.3 米(柱中到柱中的距离)的位置又加了四根金柱,并在回廊部分没有与之对应的檐柱。这所有的柱组成了真武阁的第一层部分,八根金柱由下至上成为建筑中的通天柱。而第一层的八根金柱到第二层和第三层就由金柱变成檐柱,其中组成当心间的四根金柱成为第二层和第三层的檐柱,而当心间以外的四根金柱组成第二层和第三层的角檐柱。

第二层,前文提及第一层中的金柱到第二层变成了檐柱。四根檐柱和四根角檐柱围合,形成了第二层的空间。檐柱之间加立两根辅柱,角檐柱之间加立三根辅柱,对应檐柱的位置自第三层垂吊四根金柱离第二层地面 2－3 厘米不等。第二层至第三层的楼梯较第一层至第二层的要简单许多,是没有折回的;楼梯紧挨着第二层的西面,在两根金柱之间由南至北共 12 阶,由此便可上至第三层。

第三层,平面与第二层相差不多,第三层的外围空间与第二层基本一致,都是由檐柱、角檐柱和辅柱围合而成。第三层的金柱与第二层也是同一根自上而垂下。唯独与第二层不同的,是在第三层的金柱之间东西方向各加了两根辅柱,且所加的辅柱与金柱并不在同一条轴线之上,究其原因,是因为真武阁在举折上的不同。一般传统建筑都是由柱架檩,所以檩心与对应的柱心一般都在同一轴线上,而真武阁在三层金柱架檩上采用的是在金柱外侧探出枋(实际探出的是两根金柱山面的五架梁穿过金柱的延伸部分),从而把金檩放在探出的枋上,而金柱之间的辅柱则是直接架金檩,因此辅柱的柱心与三层金檩的檩心在同一轴线上,而三层的金柱与金檩轴心则不在同一轴线上。

(二)真武阁的立面分析

真武阁立面分析主要是剖析其不同的架檩方式。本文将该阁楼的二层作为分析的重点,内容主要有两部分:八根通天柱的架檩方式与辅柱的架檩方式。

1. 八根通天柱的架檩方式

二层檐柱外侧穿插斗拱,在每层斗拱的最远端上架斗口,第三层斗口上又架有一梁(此处的梁底宽为 10 厘米,高度为 20 厘米,由金柱穿过檐柱外延至斗拱的第三跳的斗口上),梁上直接搭檩。同时在檐柱与金柱之间的梁上骑有一根瓜柱,且瓜柱上的梁也是由金柱穿过檐柱后再穿过了瓜柱,瓜柱上有一檩,最后在檐柱与角檐柱身上三层楼板下面的位置探出一枋,枋上又是一檩。此种架檩形式在角檐柱上也是成立的,只是角檐柱在尺寸上与檐柱架檩的尺寸略有不同,二层共外架三檩。

2. 二层围合上的辅柱

上文已描述了檐柱与角檐柱的架檩方法,在辅柱上也是斗拱三跳,最远端的斗口架有一梁,梁上骑有一瓜柱并在梁头部架有一檩。第二根檩也是在瓜柱上,唯一的不同是,第三根檩并不是在辅柱上做枋架檩,而是在穿过瓜柱的梁上再骑一瓜柱,瓜柱紧靠屋面并在瓜柱上直接架檩。由此也组成了三根檩。

檐柱与角檐柱和辅柱的架檩方式虽然不同,但是却结实地一层搭着一层,且组成了二层的屋面。尤其是当梁架在斗拱第三跳的斗口上,梁的尺寸只有 10 厘米,斗口的尺寸是 20 厘米 ×20 厘米,也就是说,在 20 厘米宽的斗口上直接搭 10 厘米宽的梁,梁上又直接架檩。看到这样的搭建,第一感觉是:这稳固吗? 但是这样的结构却已伫立了442年之久,并经受了多次地震与强风暴的考验依然如故,毫无疑问,这样的搭建是稳固的。因此,关于真武阁的研究对中国传统建筑乃至中国的现代建筑都是非常有意义的。

三、真武阁的细部解析

(一)真武阁中的柱与柱础

真武阁中柱的种类大致可以分为六种,分别是檐柱、角檐柱、金柱、廊柱、辅柱、瓜柱。其中,一层的檐柱与廊柱在尺寸上相同,只有正立面的心间两根檐柱与其他廊柱柱础不同,因此笔者将其归为两种柱式。二层和三层的檐柱、角檐柱与一层的金柱同属一根,因此笔者只介绍一层的样式,归结为一种。二层和三层的金柱自上而下同属一根,没有柱础,在此归为一类。二层和三层的所有辅柱柱径相等且没有柱础,所以归为一种。最后一种就是在真武阁中大量存在的瓜柱。笔者仍从第一层开始介绍。第一层中柱的尺寸有两种,柱础的样式则为三种。第一种柱与第二种柱就是一层中的檐柱与廊柱,尺寸都是d(直径,下同)=30(厘米,下同),两侧面的廊柱柱础样式如图4所示,正立面心间的檐柱柱础样式如图5所示。第三种就是一层的八根金柱(即二层中的檐柱与角檐柱),其尺寸都是d=40,柱础的样式如图6所示。二层和三层中的柱都是没有柱础的,金柱尺寸是d=55的圆柱(如图4所示),辅柱的尺寸为d=25,造型为八棱柱。最后说瓜柱,由于没有模数提供数据,且瓜柱在每一层的抬梁上都运用颇广,因此笔者设法予以测量。由于尺寸数量较多,在此不便一一说明,只介绍三层中三架梁上的脊瓜柱,其测量结果为d=30以及高度(三架梁上至脊檩下)为65。

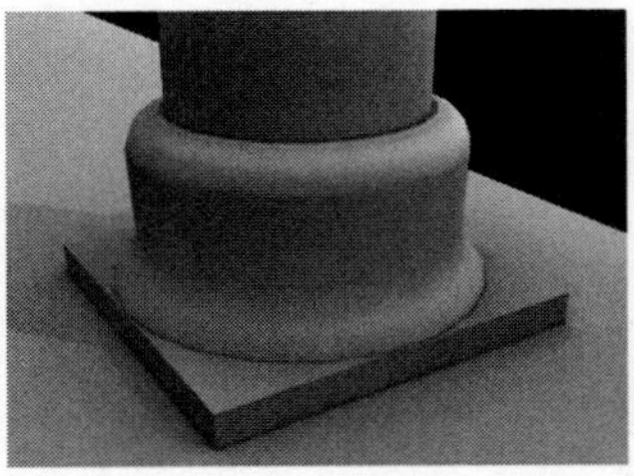

图4　两侧面的廊柱柱础样式

图5　正立面心间的檐柱柱础样式

图6　八根金柱柱础样式

(二)真武阁中的梁

真武阁中的梁从剖面看,基本是正方形,上下两面为平面,左右两个侧面则是弧形的,弧形的最大宽度与梁高都是 30 厘米,梁身两头穿过柱的榫尺寸为 7 厘米 ×28 厘米。真武阁的梁与传统官式建筑不同的是,在传统官式建筑中,梁的尺寸是按照柱的尺寸变化而变化的。一般官式建筑中,梁的厚度等于所架柱径的 1.2 倍。而据笔者粗略的测量,真武阁中大部分的梁尺寸都是 30 厘米 ×30 厘米,即使有些毫米上的偏差,也应当是施工操作上的误差,笔者认为不足以影响建筑模数。

当然,在真武阁中,许多部件的构成方式是无法以官式建筑来理解的,其尺寸自然也是耐人寻味的。例如在一层中回廊的两侧面和后立面上的檐柱顶端与金柱(二层的角檐柱)形成穿插的"三椽栿"和"三椽角栿",也是梁的一种形式,包括三椽栿和三椽角栿上横穿瓜柱的薄板,笔者认为在此也应当称其为"梁"。

值得一提的是,真武阁的一层正立面不同于两侧和后立面的如意斗拱结构,取而代之的是一组花式的斗拱结构。正面檐柱至金柱(二层檐柱)之间穿插一道"乳栿"(也叫月梁,尺寸为 35 厘米 ×35 厘米),乳栿之上是两组刻以卷草花纹的驼峰,驼峰之上是斗拱的第一跳,一道短月梁两边做以拱形与拱交叉形成第一跳。在月梁上面又十字交叉着斗拱的第二跳,第二跳尾部亦做成拱形,其头部刻以飞鸟造型,两头相对栩栩如生。在第二跳的上面是一道元宝梁,元宝梁上架着两道元宝脊檩。这就组成了一层中较之两侧面和后立面不同的花式斗拱,也就是真武阁一层的正立面。

真武阁的二层和三层中还有一种梁,它由金柱穿过檐柱和角檐柱,最终搭在斗拱第三跳的斗口上。梁上骑瓜柱再次从金柱穿过檐柱、角檐柱,最后穿过瓜柱,形成第二道梁。这两道梁在辅柱上则只穿过辅柱,在辅柱上形成榫卯结构。二层在辅柱的二道梁之上又骑一瓜柱,从辅柱穿过瓜柱形成三道梁。这些梁长短不一,宽度都是 10 厘米,高度由下至上分别是:二层 20 厘米、16 厘米、13 厘米(辅柱上的三道梁),三层 21 厘米、15 厘米。笔者在测量中发现一个值得注意的现象:并不是所有的同层次的梁数据都相等。笔者揣测这是由于地方建筑的条件和材料的限制所产生的不可避免的参差。

(三)真武阁中的斗拱

真武阁一共分为三层,其斗拱的样式也是三种,一层一个样式。

说到斗拱,涉及古建筑学中的一个概念——"跳"。"跳"是指斗拱中的叠层,一层斗拱称之一跳,由下至上第二层斗拱称之为第二跳斗拱,以此类推。

真武阁第一层楼的斗拱样子最为复杂和繁琐。上文在阐述梁的同时已经涉及第一层楼中正立面的花式斗拱(见图 7),在此不再赘述。另外就是在第一层楼两侧面和后立面的如意斗拱(见图 8)。在侧面(后立面同样也是)的廊柱与廊柱之间,梁之上架有数量不等的驼峰，驼峰之上便是如意斗拱了。每个驼峰都架有一个斗口，斗口之上便是一连三跳的斗拱。斗拱交叉排列与轴线形成45°的夹角，在柱上的处理方式则是把斗拱直接穿插入柱体，因此在正面两侧的檐柱上也形成了两组三跳的斗拱。

图7　花式斗拱

图8　如意斗拱

图9　昂

第二层楼和第三层楼的斗拱相较第一层就简单许多，都是从金柱穿过檐柱而探出长长的拱，在造型上，第二层楼的斗拱由拱直接承载斗形成五跳，第三层楼的斗拱在第二层基础上给拱的最前方加了一条长长的昂（见图9）。

四、杠杆原理在真武阁中的运用

（一）杠杆原理的说明

因为要研究真武阁设计建造中对杠杆原理的运用，我们有必要对杠杆原理作出简要的解释。早在战国时期，墨翟在《墨经》一书中说道："衡，加重于其一旁，必捶，权重不相若也，相衡，则本短标长，两加焉，重相若，则标必下，标得权也。"①这段话对杠杆的平衡原理说得很全面。里面有等臂的，有不等臂的；有改变两端重量使它偏动的，也有改变两臂长度使它偏动的②。杠杆原理中必然有其主体的部分即杠杆臂，除此之

① 胡化凯. 物理学史二十讲[M]. 合肥：中国科学技术大学出版社，2009：9.

② 徐希燕.《墨子》中的杠杆平衡原理[J]. 内蒙古社会科学（汉文版），1999（2）：13.

外,组成杠杆结构还要有三个必要的条件,即支点、施力点和受力点。支点未必要在杠杆臂的中间位置,而且杠杆臂的长度与所施加的力成反比,也就是说,在一个杠杆的组成部分中,若支点不在中间位置,那么杠杆臂长的一端所需要施加的力就比杠杆臂短的一端所需要施加的力小。因此,杠杆又分为省力杠杆、费力杠杆和等力杠杆三种类型。

(二)杠杆原理在真武阁中的运用

真武阁之所以能在众多中国古建筑中独树一帜,其最主要的原因就是真武阁的杠杆式的穿斗结构。既然是杠杆式的穿斗结构,自然是有支点、施力和受力的存在。下面我们就从各个部分解读杠杆原理在真武阁中的运用。

上文提到,真武阁的屋面比传统官式建筑的屋面要做得宽大,其原因便是杠杆原理的运用要使杠杆两端的受力均等,因此屋面的重量就是保持杠杆平衡的主要数据。上文分析梁和斗拱时也曾提到,第二层和第三层的第三跳斗拱与一道梁、二道梁都是由金柱穿过檐柱、角檐柱,最终架在斗口或瓜柱上而承载着檩,也就是承载着屋顶的重量。由此可见,第二层和第三层中第三跳的斗拱、一道梁以及二道梁,在杠杆原理中充当的是杠杆臂的角色。那么,被杠杆臂穿插的檐柱和角檐柱(二层和三层的檐柱和角檐柱)穿插的点就是杠杆原理中的支点。

有了杠杆臂和支点,下面我们来说说施力与受力。前文已经提到第二层、第三层的第三跳斗拱和一道梁、二道梁都是从檐柱延伸出来的,比传统建筑要长,它承载着第二层全部屋面的重量和第三层外延部分的屋顶重量,这构成了"施力"。那么,受力就要分析第三层空间内部的抬梁结构了。虽然真武阁整体上来讲是穿斗式的结构,但是在第三层的顶部,却用的是传统的抬梁法,所以,在第三层金柱之间穿插一根五架梁,梁上搭载两根瓜柱,瓜柱之间穿插三架梁,三架梁上搭载脊瓜柱,脊瓜柱上直接架脊檩。这基本与传统的抬梁结构如出一辙;唯有不同的,就是金柱并没有直接架起金檩,而是在外侧伸出枋来架檩。那么,这部分抬梁的结构产生于两金柱之间,也就是说,第三层抬梁部分所承载屋面的重量加上四根金柱本身的重量形成了杠杆结构中的"受力"①。这样,有了杠杆臂、支点、施力和受力,真武阁在结构上就有了完整的杠杆系统,剩下的则是施力与受力的分配问题了。

---

① 林永锋.真武阁静力变形分析及杠杆原理研究[D].广西大学,2011:6.

(三)真武阁中杠杆运用的受力分析

为了让真武阁的杠杆原理受力分析看得更加清楚,笔者特地绘制了真武阁第二层和第三层的立面图,以便能更为直观地了解真武阁这座大木结构中受力与施力的关系。

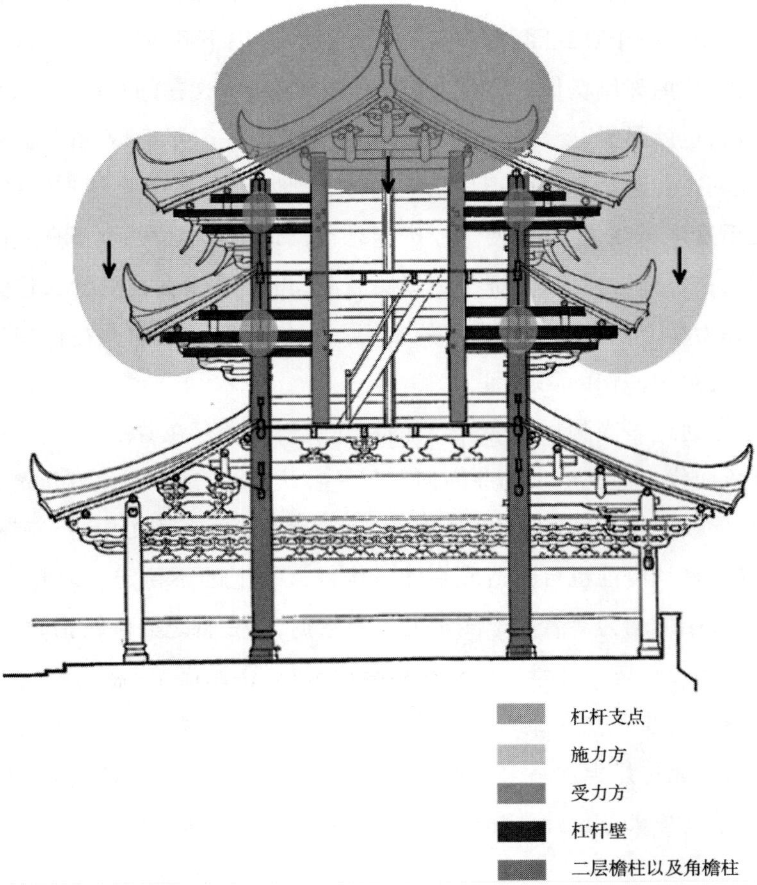

图 10 真武阁中杠杆运用的受力图

如图 10 所示,八根金柱即通天柱为第二层的檐柱以及角檐柱,第二层以及第三层的斗拱第三跳以及上部的抬梁为杠杆臂,八大通天柱与第二层、第三层斗拱和梁的穿插点为杠杆支点。第二层的屋面以及第三层的歇山下半部的四坡面给杠杆一个向下的施力。而第二层、第三层金柱的自重以及第三层歇山上半部的两坡面组成了受力的一方。施力与受力相平衡,从而得到真武阁这样一栋“活”的建筑,第二层、第三层的金柱也因此得以悬空。

在历史的长河中,真武阁历经风雨,正是有这一特殊的建筑结构可以灵活地分解以及传导受力,才使真武阁毫无修复地存留至今。

五、存疑和讨论

真武阁在中国传统古建筑中一枝独秀,独特的结构形式让它足以在中国的诸多古建筑中自成一派。对于真武阁的搭建,现在大致存有以下几种猜测:一种是在悬金柱下先垫有垫板,待屋架结构做完,悬金柱自然悬空而形成现在的结构形式;另一种是在力学上找平衡,也就是说,受力方与施力方在构架时是完全平衡地同时搭建;还有一种说法是,真武阁在初建之期可能不是悬空的,由于地震、强风等自然灾害的洗礼,其卯榫结构的关系发生了变化,从而使金柱产生悬空离地的形式。① 至于真武阁到底是如何搭建而成的,至今已是无从考证了。毋庸置疑,设计搭建真武阁的这位无名匠师定是在建筑学和力学上都有着非常丰富的知识。我们只能感叹前人在构建上的别出心裁,才有了今天独树一帜的真武阁。

此外,笔者通过多次测量发现,真武阁在建筑模数上存在着不统一的现象,这在上文中已经有所交代。但其产生的原因何在?笔者认为,一是由于地方建筑取材以及制作上的局限,导致用材在体量上有些许出入。二是真武阁在历史中历经三次地震而不倒,木材经受岁月的侵蚀也可能造成小体量构件尺寸上的不稳定。因此,在真武阁的尺寸数据上,采用的均为笔者实地测量的一手数据,不完备之处尚祈指教。

〔宗佳,河北传媒学院美术与设计学院教师,硕士,主要研究领域:戏剧影视美术设计;李鸿祥,河北传媒学院美术与设计学院教师,硕士,主要研究领域:环境设计;胡爽,河北传媒学院美术与设计学院讲师,硕士,主要研究领域:戏剧影视美术设计〕

① 覃正."国宝"——容县真武阁创造者之考评[J].玉林师范学院学报,2015(6):7-9.

公共区域儿童安全标识设计及创新研究*

郑礼君　何丹娜　陈银平

【摘要】公共区域儿童安全标识设计对于儿童安全有着极为重要的作用。儿童安全标识设计的主要范畴是处于2～12岁的儿童。当前公共领域中儿童安全标识设计和设立并不尽如人意。其一,可理解性不强;其二,可识别性差。儿童公共区域安全涉及交通、人际交往及公共区域活动三个方面。儿童安全标识创新设计须遵循心理学原理,可根据儿童心理生理特点,设计儿童安全标识。如:以手绘的形式创作儿童交通安全标识,增加标识的视觉观察面积,缩短标识与视觉接受本体之间的距离;在儿童人际交往和公共区域活动领域安全标识的形式上,可以将平面标识与立体标识有机地结合起来。

【关键词】儿童安全　公共区域　安全标识

对儿童的安全教育,是当今社会和所有家庭都高度重视的问题,但各种儿童安全事故仍时有发生。导致儿童安全事故的原因是多方面的,公共区域中儿童安全标识的设计和设置存在欠缺是一个不容小视的因素。儿童安全标识是一种形象地运用色彩和造型向儿童传达安全信息的视觉语言,对于儿童安全有着极为重要的作用。通过儿童安全标识的设计和设立,对儿童进行提醒和教育,从而降低和规避一些风险与威胁。为更有效地发挥儿童安全标识的应有功能,本文针对现实中儿童安全标识设计及设置存在的缺陷,提出建设性的意见。

一、儿童安全标识及其在现实生活中的重要意义

安全标识是用以表达特定安全信息的视觉符号系统,它由图形符号、色彩、文字等

* 本文为2017年国家级大学生创新创业项目"公共空间警示标识的创新性设计"(项目编号:201711305014)的研究成果。

构成,具有提醒人们预防危险、避免事故发生的重要作用。国家对安全标识的设计、设置、管理等制定了相关的规定,根据应用领域的不同,可将安全标识区分为禁止性标识、警告性标识、指令性标识、提示性标识等。

儿童安全标识作为特殊的安全标识种类,是运用形象的色彩和造型,向儿童接受群体直观地传达安全信息的、针对性的视觉符号。它能超越国界、排除语言障碍,对儿童进行安全提示和教育。在公共区域内,合理的、人性化的儿童安全标识能够切实保障儿童的切身利益和提高儿童的安全性①。

然而,当前公共领域中儿童安全标识的设计和设置并不尽如人意,存在的问题突出地表现在两个方面:其一,可理解性不强。绝大多数儿童安全标识的设计,并没有从儿童认知的思维特点出发,更有甚者,部分地区的儿童安全标识竟然用文字来表达,完全背离了警示对象特别是低幼龄儿童的认知水平。其二,可识别性差。一些儿童安全标识的图文设计和设置方式,不易引起儿童的注意,从根本上失去了这些儿童安全标识设置的意义。

二、公共区域的儿童安全标识设计

(一)儿童安全标识设计的年龄定位

近代著名的瑞士儿童心理学家让・皮亚杰将儿童认知发展划分为四个大的年龄阶段:感知运动阶段(0~2 岁)、前运算阶段(2~7 岁)、具体运算阶段(7~12 岁)和形式运算阶段(12~15 岁)。而针对儿童安全标识设计的前提,必须是儿童自身已经具有一定的思维逻辑,显然,处于感知运动阶段的儿童还不具备这样的能力②。而处于形式运算阶段的儿童的思维逻辑已经趋于成熟,接近于成年人,也不在儿童安全标识设计的主要范畴之内。换而言之,就是处于 2~12 岁的儿童才是儿童安全标识设计的主要范畴。

(二)儿童安全标识的创新设计

如前所述,安全标识从功能上划分,可分为四类:禁止、警告、指令和提示,而儿童公共区域安全涉及交通、人际交往及公共区域活动三个方面。

---

① 儿童安全之生活中的图形符号[J].中国标准导报,2015(6):26-27.

② 桑标.当代儿童发展心理学[M].上海:上海教育出版社,2003:25-38.

1. 交通安全领域的安全标识设计

无论是在熟悉的地点还是在陌生的地方，儿童外出时最常见的问题就是交通安全问题。从现今生活中常见的儿童交通安全标识的色彩搭配来看，基本上是以黄色与黑色为主；从图形构成来讲形式较为单一，基本上是以简单的几何图形与文字相辅助；从儿童最佳视觉角度来看，传统的儿童交通安全标识与儿童接受群体之间存在差距。针对以上几个问题，儿童交通安全标识设计还可以做进一步的创新。

首先，可以从丰富儿童交通安全标识的色彩搭配上着眼。为了使标识醒目，可以运用大红、草绿和白搭配或以宝蓝色和中黄色搭配、调和。

其次，沿袭传统交通安全标识的黄色与黑色主调，在形式上进行创新应用。放弃高距离金属材质的标识，在儿童密集的场所如学校校门外、游乐园外、电影院门口等周围墙体，以手绘的形式创作儿童交通安全标识，增加标识的视觉观察面积，缩短标识与视觉接受本体之间的距离，让儿童交通安全标识更接地气。

2. 人际交往领域的安全标识设计

近些年，儿童在公共区域所遇到的人际交往安全问题呈现出恶化的倾向。在整个社会群体中，儿童无疑是弱势群体。社会问题是复杂的，而儿童对于社会的认知能力是浅薄的。在人际交往安全问题中，儿童外出时最容易遇到的问题就是被拐卖，以及愈演愈烈的儿童遭受性侵问题①。因此，针对儿童在公共区域遇到的来自人际交往的安全问题，传统的儿童安全标识已经不足以发挥警告、指令和提示等功能了，这就需要对儿童在公共区域的人际交往安全标识设计进行拓展。

首先，在人群密集的地方，例如广场、居民区、学校、公园、图书馆等，设计带有警示、提醒功能的儿童安全标识，提醒陪同儿童的家长看管好自己的孩子。

其次，在儿童人际交往安全标识的形式上，可以将平面标识与立体标识有机地结合起来。随着经济的发展及多媒体的应用和普及，可用多媒体的形式展现儿童人际交往安全标识。为了更好地增强儿童的自我保护意识，提高儿童的自我保护能力，适当地采用当下热门的卡通素材，将其糅入儿童人际交往安全标识中，无疑是理想的选择。比如在广场的某一地方播放3D立体投影“小猪佩奇”拒绝陌生人糖果的动画，在图像的周围运用圆润的字体与拼音配合，对动画内容做简洁明了的介绍；在居民区以手绘的形式，绘制以熊大、熊二为主角以“预防儿童被拐卖”为主题的漫画招贴；在公交站牌候车的地方，用丙烯颜料在候车座椅上以卡通的形式画出预防儿童遭受性侵的安全

---

① 师满玲. 关于幼儿园安全管理和安全教育问题探讨[J]. 教师，2013(24)：30.

标识等。这样既合理利用了候车座椅的空间,又从材质和手法上对儿童安全标识实现了创新性设计①。

3. 公共区域活动领域的安全标识设计

2 ~ 12 岁的儿童,从生理角度来讲,大多数处于正在发育的阶段,身高和体能还未达到成年人的程度;从心理角度来看,心智尚未成熟,正处于是非观的重要发展阶段。因此对于儿童在公共区域的活动,安全标识的设计就显得尤为重要了。比如:正值盛夏,在户外某处的池塘旁必须树立针对儿童的水滨安全警示标识,因为儿童与监护人安全意识的缺乏而直接导致的结果,就是每年夏季儿童溺水伤亡人数都占意外死亡人数的相当一部分;在动物园的野生动物游客投食区域,一些警告儿童勿将四肢伸入笼内、禁止攀爬牢笼的警示标识虽然不少,但收到的警示效果却微乎其微,这说明传统的儿童安全警示标识没有起到很好的作用。为了更好地保障儿童的切身利益和人身安全,对于儿童公共区域活动领域的安全标识进行创新性设计迫在眉睫。这种创新,必须结合现实生活的实际情况进行人性化的创新设计。比如:在池塘边设计以鳄鱼为主角的儿童安全警示标识,在岸上置放若干只小的"鳄鱼"立体儿童安全标识,在水中央设计以彩色为主、卡通图形与儿童字体相结合构成的儿童防溺水安全标识等。考虑到户外安全标识材料易磨损模糊的情况,材料应具备良好的防水、防腐蚀和反光的功能。针对动物园内儿童安全标识的创新设计,在材质上可以就近取材,大量采用自然材料,如石头、陶土、泥巴等;在形式上,可以利用采集到的自然材料进行立体雕塑,可以是石雕也可以是泥塑;从展示方式角度讲,可以采用灯光聚焦,形成一定的视觉冲击;从儿童心理学的角度看,为了对儿童起到震慑、警示的作用,可以先以"野生动物撕咬动物尸体"的形象将动画主人翁"辛巴"的造型代入进行雕塑,然后进行彩绘,再在雕塑周围塑造昏暗的视觉氛围,并用灯光聚焦在雕塑体上,以此达到对儿童的警示作用②。

三、儿童安全标识创新设计须遵循心理学原理

儿童安全标识设计的主要对象为 2 ~ 12 岁的儿童,其设计和设置自然离不开儿童心理学的理论依据。法国当代心理学家瓦龙(Wollon)曾在《心理生活研究概论》一文中论述道:无论是心理学的或是生物学的事实,都是从活体与其环境的接触开始。首先,只有从儿童实际生活的角度出发了解儿童的认知范围,才能做出适合儿童的安全

① 阚凤霞. 儿童安全标识的设计探索[D]. 山东工艺美术学院,2015.

② 邓岱琪. 儿童活动空间视觉导识系统设计规律探究[D]. 华东师范大学,2010.

标识。让儿童看到标识的颜色和造型就能知道这是一种什么类型的标识,什么事情是可以做的,什么事情是不可以做的。博伊德·特维特(Boyd Tveit)说过一句话:设计要简洁,没有滞涩之处,还要记得作品要贴近终端消费者,注意到这些,就足以使识别系统令人难以忘怀。其次,儿童所在公共区域内的安全标识设计,主要涉及儿童在注意安全标识的整个过程中所产生的心理体验和行为体验,其中包括儿童的视觉体验、行为体验及最后处理事物的能力等。最后,应针对儿童安全标识的功能与形式进行定位,全方位地掌握儿童安全标识设计所涉及的因素,例如儿童安全标识的材质、造型、颜色搭配和形式等方面,进行深入思考,设计出功能合理、造型美观的儿童安全标识①。

四、结语

儿童是祖国的花朵,是民族的希望,没有什么比保障儿童安全更为重要的事。儿童外出时所面临的环境既可能是熟悉的也可能是陌生的,对于儿童所在的公共区域的安全标识,如果在设计过程中能够真正从儿童特点出发,设身处地地考虑儿童的需求,针对活动空间的特殊要求,选择恰当的表现手法,无疑会对保护儿童安全发挥十分重要的作用。

〔郑礼君,蚌埠学院 2016 级本科生,主要研究领域:图形设计;何丹娜,蚌埠学院 2016 级本科生,主要研究领域:图形设计;陈银平,蚌埠学院 2016 级本科生,主要研究领域:图形设计〕

① 毛碧莲. 论儿童安全标识设计[J]. 大众文艺,2015(21):88-89.

文学与传播

“献身”的背后

——《嫌疑人 X 的献身》之人物关系及心理分析

张素素

【摘要】小说《嫌疑人 X 的献身》由三个主人公——石神、汤川、花冈靖子建构起了推动情节发展的人物关系。石神对靖子的献身行为实际上是他内心的精神困顿,靖子对石神的感情则经历了由感激到恐惧再到得知真相后的震惊与崩溃的过程。汤川则是整部作品中最熠熠生辉的人物,在他身上体现出了精神之高拔与现实之关怀的并存,他与石神形成了出世与入世的对比。汤川发掘了真相,从而使石神的数理逻辑最终臣服于汤川的理性求真逻辑。

【关键词】《嫌疑人 X 的献身》 人物关系 献身 信仰 认知

《嫌疑人 X 的献身》是日本著名悬疑小说作家东野圭吾的作品。小说的主要内容是两条叙述主线相交叉的二元建构:一条是石神精心设计花冈靖子母女的不在场证明,并亲手杀了另一个无法辨明身份的人来转移警察视线;另一条是汤川为探索真相与石神进行的高智商对决以及揭开真相后对石神的怜惜。在巧妙的情节背后,是看似极端但又具有真实性的一个个人物,蕴含着主人公们复杂的内心世界和各自的信仰追求。在对文本进行细读的基础上,以心理分析为视角解读人物在小说中的行动,对石神、汤川以及靖子的人物关系进行梳理和界定,将有助于我们更深层次地挖掘《嫌疑人 X 的献身》的艺术魅力。

一、石神对靖子:畸形的爱

在小说中,石神是“献身”的主角。为救靖子母女二人,他杀了一个无辜的流浪汉以使靖子摆脱警方的追查,最终使自己身陷囹圄。石神的“献身”看似是一个男人为了救自己心爱的女人而做出的非常态的行动,实际上则是体现了他因精神困顿而引发的对靖子畸形的爱。

石神是一个信仰式的人物,在他的世界里,一定要有一个最高的信仰支撑他活下去,这种对于信仰近乎极端的追求也导致他极端的性格。对于石神来说,数学是他毕生追求的真理。他徜徉在由数学构建的理念世界里,只为穷尽其中的真理。显然,在遇到靖子之前,数学就是他的最高信仰。本该沿着数学研究的轨迹行走的他,因生活所迫,只能做一个中学的数学教师,这造成了他对数学追求的理想与现实之间的鸿沟。对只擅长数学的石神来说,如果不能在此领域有所发展,便没有了存在的价值。追求真理而不得,石神的最高信仰崩塌了。没有了信仰的支撑,他只能选择最极端的方式——寻死。

靖子和美里母女二人在石神自杀之际的出场,为石神建构了另一重信仰。靖子这一形象代表着女性的美丽、温柔,女儿美里代表着孩童的单纯、乖巧。母女二人共同出场的设置,更是为女主人公靖子增添了母爱的色彩。母女二人在艰苦环境下相依为命,靖子即使经历了失败的婚姻,被前夫纠缠,依然勤勤恳恳地工作。在失手杀死富樫之前,她们乐观、平静地生活着。“怎么会有眼睛如此美丽的母女?在那之前,他从未被任何东西的美丽吸引过、感动过,也不了解艺术的意义。然而这一瞬间,他全都懂了,他发觉这和求解数学的美感在本质上乃是殊途同归。”①石神一直以来生活在由数学建构的理念世界中,除了数学外,对于现实中的种种他都毫无兴趣,但当他心中的理念世界崩塌之时,“扭转命运方向的门铃”响了,爱与美的新世界大门向他敞开。靖子与美里母女二人代替了数学,成为支撑石神活下去的另一重最高信仰。石神对于数学的信仰尚在理念层面,而对于靖子,则是将信仰具象到了现实层面。一旦具象到现实,石神极端的人格必然使他对靖子的感情走向畸形的方向——他开始偷窥靖子母女二人的生活。一开始石神对靖子只是远观,尚且带有柏拉图精神之恋式的色彩,但在靖子杀人陷入危机之后,石神将这种畸形之爱付诸行动,变得更加疯狂。他用他天才的逻辑思维设计一系列假象,更是杀了无辜的流浪汉以让靖子摆脱嫌疑,最终也毁灭了自己。

靖子重构了石神的信仰,填补了他心中真理信仰崩塌后的空洞,给了他活下去的理由;石神则用杀戮和自我毁灭的方式向他心中由女性所代表的爱与美的信仰献祭。而这爱与美的世界,承载的正是靖子和美里。献祭的本质是通过牺牲自己的一部分或全部利益来对神表达忠诚、感激、忏悔和信赖等感情。在这里,石神已经将靖子母女当作神一样的存在,他为信仰献祭的过程也完成了他对神性的构建。但石神的第二重信仰最终依然崩塌了。美里自首后,石神“发出野兽般的咆哮,咆哮里夹杂了绝望与混

---

① 东野圭吾. 嫌疑人 X 的献身[M]. 刘子倩,译. 海口:南野出版公司,2014:245.

乱的哀号”①。对于石神来说,靖子母女二人能够幸福便是守住了他的信仰;如果不能,他做的一切也就毫无意义。但他最后的哀号,不仅仅是因为没有守护住靖子母女二人而导致他第二重信仰崩塌,也是因为欣慰于靖子最终知晓了他的付出。石神对靖子的爱超越了普通男女之情,他对信仰的极端依赖,使他对靖子的情感不存在占有、情欲、祈求回报的成分。他的“爱”是畸形的,是不对等的、非纯粹的,是一个有着极端人格的人在极端的境遇下为了自己的信仰的献祭。

二、靖子对石神:不能承受的生命之重

在第一条主线中,石神是绝对的主角,小说展现了他对靖子干净炽烈的感情。为了守护信仰,他作出狡黠诡秘的设计和自我毁灭式的献身,令人在惊叹之余对他抱有同情和称颂。但跳出石神的视角,从靖子的角度看,石神的这一“献身”行为对于靖子来说是不能承受之重,并且这不能承受的生命之重是一层层累加的,直到最后真相揭开,靖子终于崩溃。她最后的自首是对石神的报恩,也是对自己的救赎,而非“爱情”。

靖子是陷入现实泥淖中的一个不幸的普通人。她因不堪前夫富樫的骚扰,在绝望和冲动之中与女儿美里杀了富樫。手足无措的母女二人在将要自首之时,石神出现了,帮她们处理掉尸体,并为她们设计好言辞以逃脱警察的追问。此时靖子对石神是充满感激的。但石神对靖子来说,终究是个怪人:性格孤僻、相貌丑陋,没有任何生活趣味。追求者工藤的出现强化了靖子的内心,石神只能是她的恩人。工藤的这种符合世俗观念的感情,才是靖子所能接受的。后来石神对靖子的恐吓,使靖子对石神由感激转向恐惧。对靖子来说,此时的石神是一个为了追求她并控制她而杀人的变态。最终,汤川向靖子说出真相。靖子这才明白,石神的这份恩情于她而言是多么沉重。

石神瞒着靖子母女,擅自杀了一个流浪汉,再设计好让靖子母女全身而退,在最后关头他自己出面顶罪的计划。这一系列的计划堪称“最好的诡计”,但石神从未考虑过靖子母女是否能够承受。大恩如大仇,当一份无法偿还的恩情落在一个人身上时,在其内心深处,惊慌万分或许多过感激涕零。文中多次提到,靖子是非常清楚石神对她的情愫的,因此才半推半就接受石神的帮助,也反复强调自己感谢这份“恩情”,但她却十分担心石神真的向自己告白,让彼此尴尬。靖子对石神是不存在爱情的,因此她无法用爱来偿还石神的这份恩情,甚至无法向别人倾诉自己得知真相后承受的压力。此时,石神的行为越伟大,靖子就越痛苦。她不可能背负着这样沉重的一份恩情

① 东野圭吾. 嫌疑人 X 的献身[M]. 刘子倩,译. 海口:南野出版公司,2014:251.

像正常人一样活下去,她只能自首,只能去为自己的罪责承担责任,才能让自己的心理回到平衡点。石神是对信仰有着偏执依赖的数学天才,他的感情和行动都是极端的。他的爱惊世骇俗,充满着自我牺牲式的献祭,而靖子则是个凡世中的普通女人,她只能接受普通的爱。她不能理解石神的这种信仰,正如书中所说:"她从未遇见过这么深的爱情,不,她连这世上有这种深情都一无所知。石神面无表情的背后,竟藏着常人难以理解的爱。"①石神之于靖子,是一份不能承受的生命之重。

三、汤川与石神:出世与入世的博弈

小说的另一条主线是石神的昔日好友——物理学家汤川破解了石神所设计的不在场证明。一个为了揭开真相,一个为了守护信仰,二人进行了行动和心理上的博弈。

汤川和石神有相似之处。他们都是理科中的天才,都有着强大的、严密的逻辑思维,也因此两人之间的高智商对决才更加有可看性。不同的是,两人虽有着同样的野心——企图以理论构建世上的一切,但采取的方式是相反的。"实际上,在东野圭吾的设定中,石神就是以数学的方式,而不是物理学的方式完成了整个案件诡计的设计。相反,汤川却更擅长以物理的方式来解决案件。"②石神喜欢模拟推理,试图借由数学公式的推演达成这一目标;汤川则注重实验,从观察入手,发现问题,加以解决。石神大脑中的思维是认知逻辑,追求的是理论的真理,他偏执地将真理奉为信仰;若求真理而不得,生存就没有意义。"石神认为流浪汉只是无意义的存在,杀死他并不足惜,这个观点十分让人震惊。反过来,石神在数学方面天赋异禀,他对善的报答、对美的欣赏和为感情的付出显得热切而执着,据此我们可以判断他的价值体系和情感结构明显是异于常人的。"③而汤川的思维则是现实逻辑。相比石神,他生活在现实世界中,追求的不是真理,而是现实中的真相。不同的思维模式,使得二者有着不同的人生走向和选择。因此,小说设置了汤川这一形象,就是要用汤川所代表的现实逻辑与石神所代表的认知逻辑形成对峙,挖掘真相,揭开石神所要守护的东西。

"你我都不可能摆脱时钟的束缚,彼此都已沦为社会这个时钟的齿轮。一旦少了齿轮,时钟就会出乱子。纵然自己渴望率性而为,周遭也不允许。我们虽然得到了安

---

① 东野圭吾.嫌疑人X的献身[M].刘子倩,译.海口:南野出版公司,2014:241.

② 蓝江.嫌疑人X的实存——电影《嫌疑人X的献身》中的哲学[J].上海大学学报(社会科学版),2018(1):70.

③ 王杰,何信玉.悲剧精神的再生与变异——关于电影《嫌疑人X的献身》的讨论[J].上海艺术评论,2017(3):86.

定,但失去自由却也是不争的事实。"①汤川清醒地知道这个社会的生存规则,他是一个入世的人,他认为"这个世上没有无用的齿轮,只有齿轮自身才能决定自己的用途"。在猜测到石神杀掉技师这个无辜的人之后,尽管带着对于昔日老友犯下无可挽回的错误的惋惜,他仍然不遗余力地想要揭开真相。因为在他看来,每个人的存在都是有意义的,石神不能,也没有权利剥夺任何一个"齿轮"选择自己作用的自由,更没有权利夺去一个人的生命。即使是一个流浪汉,也不该因为其潦倒和无用而成为石神掩盖靖子母女二人罪行的工具。在石神自首之后,汤川将真相告诉靖子,即使知道石神的献身正是为了让靖子母女能够幸福,汤川也要将真相揭露出来。一方面,石神有着对于守护自己信仰的近乎偏执的坚持,汤川也有对于真相正义的执着,他认为真相是不应该被掩盖的,所有的错误都应该被揭示出来,让该受到惩罚的受到惩罚。在人性的层面,爱有可能超越了对错,但在现实伦理的层面,即便它超越了对错,也仍然要为错误付出代价。另一方面,汤川对于石神也是有着天才之间惺惺相惜的感情的。一开始,汤川就想要把石神从孤独中解救出来,但两人思维观念的不同使他们最终走向相反的方向。他惊讶于石神可以对靖子母女作出如此大的牺牲,他知道石神的牺牲为的是什么。如果将真相告知靖子,可能会使石神的献身成为徒劳,但在汤川的认知里,只有让靖子知道石神对她做的一切,石神的献身才有意义。

汤川在保持冷静客观的同时,也富含着人情味。这样的人物形象是鲜明的,也是立体多层次的,这也正是汤川身上所具有的精神之高拔与现实之关怀并存的体现。但石神不同,他认为流浪汉的无人在意的生活是悲哀的,没有存在的意义,就如同自己一样。所以在他眼中,流浪汉的生命没有价值,其难以被查明身份的特征正成为石神作案的最佳对象。现代社会不仅需要认知理性,更需要道德理性。石神与汤川,一个出世,一个入世,显然汤川才是符合现代性的人物,而石神仅仅有卓越的认知理性却缺少道德理性。所以,在东野圭吾的笔下,石神最终要臣服于汤川。

东野圭吾细致的心理描写使他的小说在悬疑、推理之外多了许多人性的色彩。推理小说的最终目的不是展现环环相扣的完美诡计,而是要揭示背后所隐含的复杂人性以及所影射的社会现状。正如小说《嫌疑人 X 的献身》,其最高艺术价值就在于"人类灵魂的力量、生命与爱的沉重以及对现代人内心深处的真实感受进行彰显"②。

〔张素素,曲阜师范大学文学院 2016 级硕士研究生,主要研究领域:中国古代文论〕

① 东野圭吾. 嫌疑人 X 的献身[M]. 刘子倩,译. 海口:南野出版公司,2014:198.
② 贺静彬. 精神分析视域下的《嫌疑人 X 的献身》[J]. 电影文学,2017(22):135.

一曲古歌的召唤

——从《黑骏马》看民族文化与现代文明

田 娇 陈 克

【摘要】百余年来,随着国门的不断打开,源自西方的"现代文明"不断涌入,对中国的民族文化不断造成冲击,在带来开化与文明的同时,也破坏了民族的个性与传统。张承志的小说《黑骏马》就是展现这一冲突的代表之作,分析其中的情节和象征手法可以看出,源远流长的民族文化在经历了与"现代文明"的冲突之后,又得到了一定的回归,最终二者得以融合。

【关键词】张承志 《黑骏马》 民族文化 现代文明

张承志是一位受多民族文化浸染的作家,其回族身份本身就带给他与众不同的民族气质。1975 年在新疆地区的考古工作和 1984 年在西海固地区的采风,更使他直接接受了维吾尔族文化与穆斯林文化的影响,并加入了哲合忍耶教派。1991 年,震动文坛的《心灵史》出版,此后,张承志作品的民族与宗教倾向更加突出。

值得注意的是,张承志 1948 年生于北京,1968 年以前,作为新中国环境下生长起来的青少年,他和北京城里千千万万的普通知识青年几乎没有什么差别:既没有后期那样强烈的民族意识,也没有想到自己会和文学产生什么瓜葛。但随着他跨入乌珠穆沁旗的那一片草原,张承志被浓郁的异族文化气息冲击了。"起伏的牧草,合理的饮食尤其是奶茶,鲜艳的袍服,骏马和忠实的狗,慷慨而不道谢的作风,引诱着启发着他们(北京知青)。追逐畜群作息,观望水草迁徙的日复一日,使他们的身心渐渐熏染上了一层蒙古牧民的、难以形容的气质。"①张承志逐渐融入了草原的生活,对草原民族产生了深厚的感情,也产生了"最初的对异质文化的接触和喜爱"②。是蒙汉民族之间的差异唤起了他对自身民族、伊斯兰文化的认知和认同意识,使他在走出草原之后,走上了一条追寻本民族文化的道路。另一方面,在草原上,张承志遇到了开启他文学世界大门的钥匙——蒙古古歌。"对于一个在一所重理轻文的工科大学附中里,几乎从

①② 张承志. 音乐履历[M]//张承志. 张承志作品精选. 武汉:长江文艺出版社,2006:289.

未接触过文学的中学生来说;对于除了小人书和语文课本,再没有谁为自己开拓视野的普通北京孩子来说,这些异样又对仗的蒙古词儿,是一次新奇的启蒙。"①年轻的张承志痴迷地到处找牧民收集记录蒙古民歌,醉心于民歌中"朴素而有趣的比喻、排比和比兴的艺术"②。那些令人心动的民歌和草原人民的美德,尤其是房东额吉博大的爱,都成为张承志早期作品的素材源泉。而最令张承志震撼、喜爱的古歌《钢嘎·哈拉》(《黑骏马》),也化身为他笔下同长调一般沉郁悠扬的作品——小说《黑骏马》。

由此可见,《黑骏马》本身就是文化撞击的产物。同时,作品中也随处表现出民族文化的巨大力量,尤其是在现代文明侵入的情况之下。本文将从文本出发,通过分析《黑骏马》中的情节和象征手法,探讨其中展现的民族文化与现代文明的关系。

一、源远流长的蒙古族文化

蒙古民族是一个古老的民族,千百年来,孤独的牧人游荡于广袤的天地之间,在马背的起伏中吟出悠远的长调。一曲曲古歌记录了草原人的生活方式、生命态度,记录了传说中的英雄和骏马,古歌《黑骏马》就是其中的一首。它讲述了一位哥哥骑着美丽绝伦的黑骏马跋山涉水,寻找远嫁的妹妹的故事。张承志形容"这支伟大的古歌无可替代",最初听到它时"我震惊不已"③。他将这种感受写进了小说《黑骏马》。白音宝力格第一次听奶奶唱起《黑骏马》,他与索米娅都呆住了,"这是多么新鲜,多么动人的歌啊,它像一道清清的雪水溪,像一阵吹得人身透明的风,浸漫过我的肌肤,轻抚着我的心……我失神地默立在草地上,握紧拳头听着","神妙的曲调在我心灵中唤起阵阵感动"。④

长调《黑骏马》在小说中具有一定的象征意义。这首古歌的千古传唱,正是蒙古族文化的代代相传。白音宝力格虽然幼时生长在公社镇上,但他毕竟流淌着蒙古族人的血液,寄住在奶奶家后,又逐渐融入了牧民的生活,蒙古族文化的特质就像是潜藏在他心中的动物,一旦被唤醒,立刻活跃起来。听过长调以后,白音宝力格对黑骏马充满向往,立即为自己的马驹取名"钢嘎·哈拉"。长调这种民族文化形式对于草原人,无论是在思想内容上还是艺术形式上的巨大魅力,都反映了他们对本民族文化高度的认同感。民族文化气质已经成为一种与生俱来的特点。

长调《黑骏马》的象征意义还表现在,它的故事内容与现实中白音宝力格和索米

---

①② 张承志. 音乐履历[M]//张承志. 张承志作品精选. 武汉:长江文艺出版社,2006:290.

③ 张承志. 音乐履历[M]//张承志. 张承志作品精选. 武汉:长江文艺出版社,2006:291.

④ 张承志. 黑骏马[M]//张承志. 张承志作品精选. 武汉:长江文艺出版社,2006:192.

娅的故事相互映照。白音宝力格说:“我居然不是唱,而是亲身把这首古歌重复了一遍!”[①]这里小说与古歌的两个故事形成了复调,它们惊人的相似,表明这种生活状态一直存在于草原之上,哪怕是现代文明侵入的今天,仍然可能会继续存在下去。具有同样象征意义的还有那条叫作“伯勒根”的小河。千百年来,无数姑娘在这条河边告别亲人,远嫁他乡。索米娅原本有机会打破这个规律,但白音宝力格自认为“文明”的想法,又将索米娅推回了古老的命运,她最终还是涉过河水,成为他人的“伯勒根”(嫂子)。

蒙古族文化源远流长,连接着历史与现在,时代虽然在改变,古老的故事却一再上演,不断延续着民族特有的精神。

二、异质文明与民族文化的冲突

无论民族文化如何坚强,当今的世界已不再像从前那样闭塞,外来的异质文明总是左冲右撞。“文化体系是一个相对稳定的、由文化特质构成的、有别于其他文化形式且不可替代的族群文化结构,文化冲突的发生实际是文化差异所导致的。”[②]在作品《黑骏马》中,公社镇上长大的白音宝力格还是表现出了与纯粹牧民的不同。他喜欢看书,渴望知识;他已不再相信老兽医的“旁门左道”,一心想成为具有科学理论的优秀的兽医;对外面世界的好奇引诱着他一步步走出草原。民族传统意识与现代文明意识的冲突终于在索米娅怀孕时爆发了。黄毛希拉强行占有了索米娅,白音宝力格无法接受索米娅带着别人的孩子与自己成婚,但索米娅似乎很喜欢这个孩子,奶奶“显然也没有觉得事情有多严重”。她说:“有什么呢? 女人——世世代代还不就是这样吗? 嗯,知道索米娅能生养,也是件让人放心的事呀!”[③]当民族文化中的某些陋习已经成为深入人心的传统,文明的觉醒者也很难将它改变。在矛盾无法调和的情况下,白音宝力格最终选择了出走,去寻求他认为更加合理的新的生活方式。但更多的草原人选择了坚守,他们依然像祖辈一样,保持着原有的生活方式和意识形态,并不断从中寻求生活的新希望。

---

① 张承志. 黑骏马[M]//张承志. 张承志作品精选. 武汉:长江文艺出版社,2006:192.
② 汪世蓉. 冲突与融合:跨文化视角下的民族文化研究[J]. 贵州民族研究,2014(11):67.
③ 张承志. 黑骏马[M]//张承志. 张承志作品精选. 武汉:长江文艺出版社,2006:221.

三、民族文化的回归

社会文化学家布朗(H. Douglas Brown,1987)的研究结果表明,文化适应过程大致需经历如下四个阶段:新奇阶段、文化冲突阶段、复苏阶段、文化融入阶段①。从现代文明向民族文化的回归是《黑骏马》中最重要的内容,也体现了民族文化在白音宝力格内心的复苏。“我们总是在举手之间便轻易地割舍了历史,选择了新途。我们总是在现实的痛击下身心交瘁之际,才顾上抱恨前科。”②对于回归,张承志使用了一个非常重要的意象,即钢嘎·哈拉——白音宝力格的黑骏马。这匹黑骏马与古歌中的“黑骏马”遥相呼应,沟通了历史与现实,仿佛是远古走来的使者。暴风雪的夜晚,母马产下马驹后冻死在雪地里,马驹竟然独自走下山坡,躲在蒙古包后,活了下来。钢嘎·哈拉传奇的身世象征着蒙古族文化在现代文明的冲击下,虽然步履维艰,但还是顽强地存活了下来。

在看过了所谓的“现代文明世界”之后,白音宝力格更渴望心灵的归宿。这时,带领他重回蒙古草原,重新回到索米娅身边的正是钢嘎·哈拉。它仿佛是蒙古族文化的招魂者,带领迷失于现代文明之中的游子重新回归于民族传统文化,重新去审视那些“往日曾挥霍和厌倦的一切”③。经过九年的沉淀,白音宝力格已经褪去了当年单纯的冲动与热血。他开始理解当年索米娅的选择,为自己没能为奶奶送葬而愧疚不已。面对其其格,他也怀着带有愧疚的喜爱。更重要的是,白音宝力格学会了透过民族文化粗糙的表面看到其中充满人性的温情。“我发现,这魁梧大汉(达瓦仓)尽管粗野,但却也不失为豪爽有力。他无疑是这个家庭的坚强支柱和当然的主人。哦,可以想象,索米娅在这间小屋里度过的日子尽管可能艰难,但绝非是无法容忍和水深火热。”④

在诺盖淖尔,达瓦仓蒙古汉子的豪爽有力,索米娅蒙古女人的勤劳、隐忍、母爱,仍然同他们的先祖一般。但九年的时间已经使当年充满青春活力的索米娅成为沉稳而略显沧桑的女主人。她从公社小学的临时工变为正式职工,可以听孩子们称她为“老师”;达瓦仓是赶车人;奶奶的蒙古包被拆散堆放在小泥屋里。事实上,索米娅与达瓦仓一家过的已经不再是传统的牧民生活了。当白音宝力格来到诺盖淖尔,他也感到惊奇:“当我驱马走近这里时,甚至有一种觉得是离开了牧区的陌生感。这儿甚至还有

---

① 冒国安.论文化适应[J].贵州师范大学学报(社会科学版),2004(4):123.
②③ 张承志.黑骏马[M]//张承志.张承志作品精选.武汉:长江文艺出版社,2006:227.
④ 张承志.黑骏马[M]//张承志.张承志作品精选.武汉:长江文艺出版社,2006:230.

啄食的母鸡和鸭子。索米娅难道会生活在这么一个地方么?”[①]经过对索米娅的寻找,白音宝力格对长调《黑骏马》末尾的两句叠唱“不是”有了深刻的体悟。这原本是对原有的爱情已然不再的咏叹,但我们把它使用在民族文化原貌的改变上也未尝不可。

四、生命力顽强的民族文化

虽说世事变迁,草原牧民们也逐渐过上了现代化的生活,但张承志还是为我们展现了民族文化顽强的生命力。奶奶勤劳质朴的蒙古女人的美德、博大宽厚的母爱都在索米娅身上体现了出来。尽管其其格出生时发育不良、体格弱小,奶奶和索米娅都不曾想过放弃,而是将她养育成人。索米娅一连生养了四个儿女,当国家政策不再允许超生时,她将对孩子的爱转移到了小学校里的学生们身上,孩子们对她敬爱不已。在学校老师的眼中,索米娅也始终是一个母亲的形象。在小说的最后,索米娅甚至要求替白音宝力格抚养孩子,正像当年奶奶养育了并无血缘关系的白音宝力格一样。

除了索米娅外,其其格也将会是一位典型的蒙古女人。其其格小小年纪就为家里清扫、做饭,帮索米娅分担女主人的职责。她也喜欢《黑骏马》的故事;喜爱钢嘎·哈拉,把它当作英雄;她一直期盼着巴帕骑着美丽的黑骏马来看她。其其格和钢嘎·哈拉天然的亲近感就像当年的白音宝力格一样,是作为一个草原人源于血统的文化特质,是不会随着生活环境而改变的。显然,其其格将会把蒙古民族千古流传的文化传统继续传承下去,她也会成为新一代的像奶奶和索米娅一样伟大的母亲。

而且蒙古牧民也已经喝上了从商店买来的速溶的奶茶,张承志也感叹:“速溶奶茶粉与乌珠穆沁女人们烧出来的茶相比,不只惟妙惟肖,甚至凝着同样的一薄层奶皮。”[②]生活的形式也许会变化,科技带来的便捷理应去享受,但生活的内容、人们精神的实质却总是生生不息、代代相传的。

结　语

张承志在《黑骏马》中为我们描绘了一曲苍凉婉转的草原牧歌,其中有对爱情的深情咏叹,也有对草原上文化现状的深深思考。其实,透过这篇作品,我们可以将这种思考投入更广阔的空间。“民族”,不仅可以是蒙古族、维吾尔族、回族,更可以是中华

① 张承志. 黑骏马[M]//张承志. 张承志作品精选. 武汉:长江文艺出版社,2006:229.

② 张承志. 粗饮茶[M]//张承志. 张承志作品精选. 武汉:长江文艺出版社,2006:286.

民族。随着地区之间的交流愈加频繁,每一种本土文化都不可避免地会受到外来文化的影响。面对异质文化的新鲜诱惑,早已使人厌倦了的古老传统通常缺乏抵抗能力,于是,外来文化总是不乏追随者。但是,“文化全球化不会消除不同民族的文化差异,也不可能解决原有文化发展上的不平衡。文化全球化不仅反映了现有的不平等、不公正的等级模式,而且在文化全球化的过程中可能产生新的冲突和融合模式”。① “要科学地说明文化全球化进程中外来文化与本土化之间的对立统一关系,就应摒弃以自我为中心的妄自尊大心态,克服无视其他文化体系、睥睨一切的自恋情结,抓住文化全球化这一契机,既吸纳多元文化中对民族本土文化有用的精华,又强化民族本土文化的精神价值,使民族本土文化在与外来文化的交流融合中获得发展机遇,增强民族本土文化向外辐射的能力和抵御外来不良文化的能力。”②破坏文化可能是很容易、很快速的,但重建文化却是漫长而艰苦的过程,它需要一代又一代的文化工作者不懈的努力。全球化不是消灭个性,只有丰富多彩又和谐统一才是整个世界发展的真正趋势。

〔田娇,河北传媒学院影视艺术学院讲师,硕士,主要研究领域:中国现当代文学、中国现当代戏剧;陈克,河北传媒学院影视艺术学院讲师,硕士,主要研究领域:影视史论研究、类型电影〕

① 鲍宗豪. 文化全球化的价值意蕴——兼论文化全球化与民族文化的冲突与整合[J]. 马克思主义与现实,2002(4):32.

② 鲍宗豪. 文化全球化的价值意蕴——兼论文化全球化与民族文化的冲突与整合[J]. 马克思主义与现实,2002(4):33.

高教园地

不能将教育做成施舍

李现平

【摘要】真正的教育,是千方百计设计和制造困难,让学生经过努力去取得收获,引导他们以感恩之心去接受所获,以回馈之义去享受所获,以超越之志去驾驭所获,这才是“养子使作善”的正途。宁可将施舍做成教育,也不要将教育做成施舍。

【关键词】教育　施舍教育　教育施舍

一

东汉许慎《说文解字》有言:“教,上所施下所效也。”①“育,养子使作善也。”②但是,教育中一些不当做法,却往往事与愿违,不得善果。

许多家长和老师,本着无私奉献的理念和无微不至的精神,把教育和教学当成慈善事业,做成了不求任何回报的施舍。家长普遍奉行“只要你学习好,其他什么都不用做”,将学习和读书看作孩子的专职;教师则恨不得将知识掰开了、揉碎了、嚼过了,喂给学生,生怕他们在学习中碰到一丁点的为难。

许多人自认为这样的教育没有半点可挑剔之处,但是其恶果俯拾即是。大量“精致的利己主义者”正是被这样养成的。不彻底反思这种“施舍式教育”,中国少年将永远难以挺直精神的脊梁,“养子使作善”就会变成空谈。

二

真正的教育,总是千方百计地设计和制造困难,让学生经过努力去取得属于自己

① 许慎. 教[EB/OL]//许慎. 说文解字. 词典网,http://www.cidianwang.com/shuowenjiezi/jiao1545.htm.
② 许慎. 育[EB/OL]//许慎. 说文解字. 词典网,http://www.cidianwang.com/shuowenjiezi/yu3044.htm.

的那份收获。

高中以前的各级教育内容，基本上都是常识和定论。仅从获得知识结论的角度看，老师轻而易举就能够将各种问题的答案告诉给学生。学生也可以通过这种途径，短时间内掌握大量知识。

所以，中国中小学教育的基本假设就是：既然有如此便捷的途径，就不必让学生花费十倍、几十倍的精力与时间，去亲自探究和努力争取；同样的时间，我们岂不是要比外国学生多学习和掌握几倍、几十倍的知识吗？如此这般，我们岂不是铁定地赢在了起跑线上？

与此同时，老外似乎很“傻”。本来一句话就可以讲清楚、说明白的道理，他们非要让孩子们到现场去观察，亲手去尝试，与同学讨论，与老师争辩，甚至按照科学研究课题的要求，到图书馆和实验室去寻找答案。

所以，与中国的孩子相比，外国孩子的学习和教育进度总是显得很慢，相同年级学生学习和掌握的内容总是显得很浅，做起习题或运算来总是显得很笨。他们的幼儿园，甚至几乎什么都不教，只是让孩子们快乐地玩耍和游戏①。

但是，进入大学特别是研究生阶段后，外国的孩子为什么反而能够爆发出更大的学习潜能与创造潜力？他们的大学为什么反而占据了绝大多数世界一流大学席位？近百年来影响人类文明进程的伟大原创成果，为什么几乎都出自他们之手，而很少由中国人做出？

其实，是中国这种施舍式、灌输式教育，过早地逆向淘汰了孩子们的创造潜能与求索动机。这些在青少年时代看似没有任何用处的品质：兴趣、爱好、激情、想象力、好奇心、独立思考与独立判断能力、批判性思维与提出问题能力、动手能力和实践能力、自信心与自我教育管理能力，等等，到了大学及其之后的阶段，反而变成了成就伟大人物和杰出人才的灵丹妙药。

按照用进废退的进化论原理，中国青少年学生的大量身体部位、身体功能、感觉器官、思想工具、情感智商、智力模块，等等，根本没有得到过使用，更谈不上开发。而他们的记忆力和解题运算能力，视力、心力、体力、精力等这些初级生命资源和人生资本，却受到了极不合理的过度使用与开发。

孩子是在克服困难和解决问题中长大成人的，而不是在受人施舍恩惠和受命背记答案中成就人生的。在《西游记》中，为什么佛祖要故意为唐僧师徒设计九九八十一难？因为“正果”只能靠自己“修”来，不能由别人施舍。

---

① 杨佩昌．德国为何立法禁止学前教育[J]．党的生活（黑龙江），2012(10)：53.

当家长和老师屏蔽掉孩子进步发展过程中的“九九八十一难”,只留下风和日丽,那么他们后半生体会到的只能是平淡无奇、郁郁寡欢,甚至绝望厌世。

到时候,恐怕留下的遗憾不再是“子欲孝而亲不在”,而是“子欲恨而亲已远”。

三

真正的教育,从来不会吝啬引导青少年以感恩之心和回报之志去享受所获,去受领关爱。

中国的父母和老师,似乎是天底下为孩子们打算和考虑得最到位、最周全的。

外国的父母接送孩子上幼儿园,接送孩子上学,那真是接一接、送一送而已,孩子们要自己背书包,自己拿东西,自己走路回家。而中国的父母则接过孩子的书包背到自己肩头,甚至抱起孩子、背起孩子,恨不得捧在手心、含在嘴中。

外国的父母在家中都为孩子留着家务活,而且孩子们自己的学习用具、自己的房间、自己的书包、自己的生活,都需要他们自己打理。即使在这种情况下,他们还要让孩子每天吃饭之前,都必须默默地在心中感谢上帝的恩赐,感谢父母的辛勤劳作,感谢祖先开创的基业。

而中国的父母,在关爱孩子方面,不仅无所不用其极,而且基本上不安排孩子做任何家务,很少考虑提醒孩子们知恩图报、心怀感激、有所担当。最近看到一篇文章,讲孩子将来不孝顺有 4 个信号:一是随意顶撞父母,二是不懂得感恩,三是霸道霸占,四是习惯把错推到别人身上①。没有了自强自励之志与感恩回报之心,这样的孩子、这样的学生还有何培养价值?一个能说四五种外语,琴棋书画样样精通,却不懂得感恩父母和老师,不懂得感恩学校与社会,一心只想着自己如何出人头地的孩子,很难说是家庭未来的福还是祸。

许多年前看过这样一个故事:一个只有一只手臂的乞丐,到一家看上去比较富裕的人家讨饭。这家孩子刚要进去为乞丐拿吃的,女主人却对乞丐说,“请你先帮我把这堆砖从前院搬到后院”。乞丐一听很生气,辩解说:“你看我只有一只手臂。”言外之意是说:你这不是有意刁难我吗?但是女主人笑了笑,用一只手掌夹起两块砖,搬到了后院。乞丐别无选择,只好从命。他用两个小时,才做完这一切。于是,这位女主人递给乞丐一条白毛巾,让他把手和脸擦干净,随后塞给他 20 元钱,说这是他应得的报酬。

---

① 荀萱.孩子将来不孝顺的 4 个信号,最后一种必须立即纠正[EB/OL].(2017-06-01)[2018-01-03].http://mini.eastday.com/a/170601070146646.html.

乞丐笑逐颜开,千恩万谢地离去了。

多年之后,这位乞丐成长为一位很有作为的企业家,回来找到当年这位女主人,决意要赠送她一套别墅。他说,正是这位女主人当初的做法——不是一味地乐善好施,而是给予他有尊严地获取劳动所得的机会,激发了他内心深处的自尊与自信,让他明白了自己的价值与尊严,也使他更加懂得了感恩与责任,所以他才能够有今天的成功①。

通过指引和开导,使人学会正当地、正大光明地、有尊严地获取,从而帮助和引领他实现向上发展,这是教育。不求任何回报,无偿地给予自己所有,这是施舍。施舍,只改变人当下的不利处境;而教育,却要努力改变人本身,从而改变人的一生。

这位高明的女主人,把一件施舍做成了教育。我们有什么理由将教育再做回施舍呢?

〔李现平,北京师范大学教育学、清华大学创意创新创业教育平台(清华 x-lab)教育研究专家,博士,主要研究领域:比较教育、创业教育〕

① 潘忠.最高贵的施舍[J].黑龙江科学,2014(4):3.

应用技术型高校教师专业发展研究

——基于成人教育理论的视角

徐 艳 张琳琳

【摘要】作为成人学习者,教师群体在专业发展方面一直以来并未从成人教育的角度受到特别关注,其不同于未成年人学习的需要也未受到足够重视。成人教育理论为研究高校教师专业发展提供了新的视角,密切结合成人生理心理发展程度和学习特点,根据应用技术型高校对教师提出的特殊要求,借鉴成人教育理论观点,寻求应用技术型高校教师专业发展的有效路径,促进其得到持续发展。

【关键词】成人教育理论 应用技术型高校 教师专业发展

一、高校教师专业发展的内涵

近年来对高校教师专业发展(以下简称"教师专业发展")的研究日益增多,对"教师专业发展"的定义主要有以下两种:一是教师教育范畴内的"教师专业"的发展;二是作为高校教师个体而言,其自身专业的持续成长,也就是教师个体的发展。本文讨论的是后者,即教师在一定的成长环境中,通过个人努力所获得的自身专业上的成长和发展。

目前在我国某些高校教师群体甚至是教师专业发展管理者群体中,对教师专业发展内涵的理解存在某种偏颇,往往偏重于教师教学知识的增加和教学技能的提高,而对其教育信念、专业精神等内容关注不够。事实上,在我国和欧美很多国家制定的教师专业准入制度中,都将教师的专业精神列为教师专业发展的重要组成部分,因为专业精神是促进教师专业知识和教学技能提高的内在动力和重要前提条件。有学者将教师专业发展的内涵描述为"教师作为一个成人学习者和反思实践者,通过自身努力和与环境的互动,通过提高自身的专业知识、专业技能和专业精神,持续改进教育教学实践的过程”[1]。具体到应用技术型高校中,教师专业发展的内涵在于教师的专业知识、专业技能和专业精神的发展都应该契合培养应用技术型人才的办学目标,注重实践能力、行业感知能力等方面的发展,并将其转化到教育教学中,才能够有效地履行培养适应社会和行业一线要求的高层次应用型人才的育人职责。

二、成人学习的特点及成人教育理论概述

从成人教育理论的视角探讨应用技术型高校教师的专业发展,必须对成人教育理论有所了解。

“成人教育”一词由英国的波尔(Thomas Pole)在1816年出版的《成人学校的起源和发展史》中最先使用。他认为教育的本质特征由教育对象所决定,也就是成人教育的对象是成人学习者,他们具有不同于全日制青少年学习者的鲜明特点。这一观点得到了其他成人教育研究者的认可。他们提出,成人学习者在生理和心理发展上较成熟,自主性强,拥有更丰富、更多样化的社会经验和阅历;但是由于首先要完成工作任务,因此可供支配的学习时间少,学习受到时间、地点等诸多客观条件的制约;同时,成人学习者更注重与所从事职业相关的、能够提升工作能力的知识和技能学习,不满足甚至抵触课堂学习,更欢迎丰富多样的学习形式。以上成人学习的特点决定了成人教育理论与面向青少年的普通教育理论存在区别,在遵循一般教育规律的基础上,拥有与青少年教育不同的研究焦点和方向。

随着对成人学习特点研究的日益重视,成人教育理论伴随着成人教育的实践得到了不断发展。目前较为成熟的成人教育理论主要有林德曼的成人教育理论、诺尔斯的成人教育学(Andragogy)理论、麦基罗的转化学习理论、朗格朗的终身教育理论、弗莱雷的IDE觉悟化理论、麦克卢斯基的余力理论等。本文仅对林德曼、诺尔斯和麦基罗的成人教育理论及其对高校教师专业发展的启示做一概述。

(一)林德曼的成人教育理论

林德曼是著名的美国当代成人教育哲学家。他的成人教育理论将成人教育的特性归纳为三个方面:一是认为教育是没有止境的,因此,成人教育是必然的,是一个人终身的过程;二是成人教育的目的是改善人在社会中的生活;三是认为最好的教学法产生于情境经验之中,因此,成人教学应提倡情境法。

---

① 苏红.教师专业发展中的关键事件研究[M].北京:北京师范大学出版社,2014:51.

林德曼的成人教育理论符合成人学习的特点,对当今高校教师专业发展具有重要的启示。第一,高校教师的专业发展是指职后发展,也就是踏上教师岗位后通过努力获得专业上的进步。这与入职时间长短、入职前的学历学位无关。这个过程将贯穿高校教师的职业生涯,接受终身教育是高校教师在这个工作岗位立足、进步和取得成绩的必然途径。这与目前全世界提倡的终身教育理念相符合。第二,高校教师的学习特点与其他成人的学习特点相同,注重与所教授学科、所在教学岗位相符合的继续教育。学习的动力来自教育教学过程中产生的困惑、学校办学政策的变化、上级部门对教师要求的提高等。因此,与青少年接受的普适性的基础性知识教育不同,成人更需要获得能够解决实际问题的培养培训,提高个人的教学能力和综合素质,获得全方位的专业发展。第三,作为成人学习者,高校教师在参加学习之前已经拥有了相关专业领域的知识积淀,具有一定的实践教学经验,因此,林德曼提出的情境教学法更适用于他们的学习。他们能够快速地体会到情境所要表达的学习内容并利用已有经验作出分析,结合个体实践展开反思,进而提出解决问题的优化策略,提升个人能力。

(二)诺尔斯的成人教育学(Andragogy)理论

诺尔斯是美国著名的成人教育学家,也是成人教育学的构建者。他在“二战”之后总结了成人教育的实践经验,针对当时成人教育实施者忽视成人学习者特征的缺陷,形成了新的成人教育理论和技巧,被称为“Andragogy”,汉语翻译为“成人教育学”。其理论前提便是成人与青少年学习者在身心发展以及社会经验阅历方面的差别。根据这种本质上的差别,诺尔斯提出了成人教育的理论前提、特征及目的。他认为,成人作为身心发展相对成熟的个体,经历了社会活动之后,与青少年学习者相比较,具有明确的学习意识和自我概念,重视个人已有经验,学习是为了解决实际生活或者工作中遇到的问题,个体的内驱力是学习的主要动机①。成人在学习过程中,不再仅仅依赖早已准备好的课本、教师、学校,而更希望拥有合作和非竞争的学习环境。在学习需要和学习内容上,成人更愿意获得自主权,从而选择更适合自己、更能解决实际问题的课程,并且能够通过反思对学习效果作出初步的评价。可以看出,诺尔斯的成人教育学理论带有浓厚的人文主义教育色彩,核心是强调尊重成人的经验,尊重他们的学习意愿,这对成人教育实践具有重要意义。

应用技术型高校的教师作为经过了系统的职前教育和岗前培训、具有一定教育教学专业技能的专业人员,其个人发展的意愿较其他职业的成人更强烈。这是由于高校

---

① 郑淮,马林.成人教育基础理论[M].广州:中山大学出版社,2015:128.

转型期对人才培养目标提出了明确的要求。在科技高速发展的今天,行业一线的进步和发展日新月异,要求教师必须时刻掌握学科专业前沿动态以及行业一线专业实践的实时变化,并将这些内容及时转化到教学中去,教师要成长为能够快速适应岗位需求、满足企业要求的高层次应用型人才。一系列新要求对应用技术型高校的教师构成了严峻挑战,使其充满危机感;加之教师职业与生俱来的责任感,促使他们不断产生提升自身专业素养和综合素质的意愿。这符合诺尔斯揭示的成人学习者具有明确的学习意识的理论观点。同时,诺尔斯的理论也为应用技术型高校教师的专业发展提供了新的思路,尤其为教师专业发展研究人员和服务管理者提供了理论借鉴。在设计某些发展项目时,切实把握教师作为成人学习者的特征,充分调研和尊重他们的学习意愿,培训项目应符合教师的工作实际,选择能够帮助他们解决实际问题的内容;遵循高校教师专业的发展规律,在不同的发展阶段也就是入职后的不同时间段里有针对性地安排内容。尽管诺尔斯的成人教育学理论也存在不足,如忽视了成人教育与青少年在校教育的共性等,但是对于需要不断地、有针对性地提升自身素质的高校教师来说,仍然具有重要的借鉴意义。

(三)麦基罗的转化学习理论

转化学习理论又称质变学习理论,是美国成人教育学家麦基罗提出的。他借助认知心理学的基本原理,从社会认知的角度分析成人学习的规律及特征,在此基础上,提出成人学习者与学校教育系统中的学习者具有不同之处,即成人能够认识到自身在社会中所扮演的角色以及承担的责任,也总是面对这样那样的生活或者工作的问题,要努力寻找解决问题的途径,其中一条重要的途径便是持续地学习。这种学习的过程就是从不和谐知觉到和谐知觉的转化过程①。以此为依据,麦基罗将成人的转化学习分为四个基本环节,即两难境地、批判性反思、反思性话语、基于新观点的行动。其中,批判性反思是转化学习理论的中心。成人学习者通过对不和谐知觉的反思,产生学习的内在行为动力,这种内在行为动力也正是成人学习者最为宝贵的发展动机。

转化学习理论为高校教师的专业发展提供了新的观察视角。第一,转化学习理论强调“批判性反思是成人学习的重要环节”,这与教学反思对于教师进步和发展的重要观点不谋而合。怎样引导教师积极反思、科学反思,是需要教师管理工作者思考的问题。高校教师作为具有较强审视自我能力和反思能力的成人学习者,其自身专业发展的愿望往往很强,已具有一定程度的内在学习动力。当他在教育教学过程中遇到困

---

① 郑淮,马林.成人教育基础理论[M].广州:中山大学出版社,2015:139.

惑时,内心会产生解决问题的愿望,通过反思实践,开始进一步的学习,得到专业的发展。但在目前高校教师专业发展项目的组织管理工作中,总是存在教师参与度低、满意度低的现象,主要原因就是未能激发教师参与的内在动力,仅仅依靠外部的制度性环境要求教师参与各种发展项目,这容易引起教师的反感,尤其当项目内容和形式无法给予教师解决问题的真正帮助时,这种反感情绪会更强烈,严重阻碍项目实施目的的达成。这就要求高校教师专业发展项目的组织管理工作者必须下大力气为教师创设一个可被信任、充满理解和鼓励的情境,引导教师在实际的教学过程中善于发现问题、分析问题、解决问题。第二,转化学习理论又称为质变学习理论。质变必然在量变的基础上实现,转化也需要前期的积淀。因此,高校教师的专业发展要经历一个长期、复杂甚至不断反复的过程。尤其是教育信念和专业精神方面的发展,需要教师勇于挑战自我。在部分高校向应用技术型高校转变期间,教师应根据人才培养目标的变化,重新规划专业发展方向,注重实践教学能力的提高,更新教育理念,改进教育态度,发自内心地通过各种方式的学习来不断改进教育实践,最终在提高教学质量的同时实现个人的专业发展。

三、应用技术型高校教师专业发展的困境

(一)对“专业发展”内涵理解不透彻

应用技术型高校教师具有与学术型高校教师相同的专业特质,自我发展意识强烈,但是由于相当数量的教师是近几年应用技术型高校规模快速扩张的情况下招聘而来的,大多是毕业后直接走上工作岗位的,没有接受过专门的职前教师教育,缺乏系统的教育理论知识的学习,因此,他们往往不能深刻、全面地理解教师专业发展的内涵,片面地将教师专业发展等同于申报课题、发表论文、职称晋升等活动,认为参加了某些培训研讨,增加了专业知识,改进了专业技能,便得到了发展。在这种模糊认识的支配下,不少教师热衷于参加这些带有较强功利性的活动,忽视了专业精神培养的重要性,缺乏对教育教学实践的主动思考,个人专业发展无法持续、长期地维持。

(二)缺乏专业发展内驱力

内驱力是个体在需要的基础上产生的唤醒状态,能激发个体内部力量,具有驱动

个体行动的效应①。在一些高校向应用技术型转变的过程中,政策的导向以及人才培养目标的具体化对教师提出了新的要求,促使教师产生提升个人教学能力和综合素质的需要。但是,产生需要并不意味着就具有了内驱力。很多教师尤其是在教学岗位工作多年、有一定教学经验的教师具有发展的意愿,却由于教学科研任务繁重而感到疲惫,迟迟不能付诸行动,这就是人们常说的职业倦怠现象。有些高校教师对自身的发展期望较高,却因为职称评审等政策导向问题,不得不把大部分精力放在了如何发表论文和申报课题上,对专业发展核心内涵的把握和践行缺乏兴趣和自觉性。专业信念和专业精神的缺失致使教师发展的内部动力匮乏,职业评价和自我认同度降低,很大程度上阻碍了专业发展的可持续性。

(三)专业发展环境有待改进

随着对教师队伍建设重视程度的日益增加,高校越来越注重通过各种培训和学习引导教师实现专业发展,开发各类培训学习项目也是促进教师专业发展的主要路径。但是,由政府、学校主导实施的促进方式以及由此形成的外部环境存在诸多问题。如当下的职称评聘制度过于强调科研成果而忽视教学业绩,容易导致教师的科学研究脱离教学实际;发展项目带有组织管理人员的主观性特征,并不能满足教师专业发展的真正需要;专业发展的评价制度不科学,未充分考虑到教学成果凸显周期较长等因素,迫使教师为达到评价标准而无暇顾及教学改革;专业发展项目忽视了教师作为成人学习者的特点,在培训内容和形式上固化于从上到下的模式等。上述问题的存在,与政府和高校注重教师专业发展的主观愿望背道而驰,削弱了教师专业发展项目的效率和效果。因此,教师专业发展的外部环境迫切需要改善。

四、成人教育视角下的应用技术型高校教师专业发展对策

(一)以问题为导向,强调教师注重积累实践经验

林德曼认为,在成人的学习过程中,学习者已有的实践经验是最有价值的教育资源,成人丰富的工作经验和阅历为他们提供了理论与实践相结合的良好契机。诺尔斯在他的成人教育理论中也特别提出,丰富的经验是成人学习者区别于在校学习的青少年的典型特点,所以,成人教育模式应该建立在这些经验的基础之上。依据上述理论,

① 黄希庭.心理学[M].上海:上海教育出版社,2005:92.

高校教师应该认识到自己的经验是个人专业发展源源不断的教育资源,因此,必须注重发现教育教学实践中的问题,通过撰写总结和课堂反思等形式积累经验,以实际工作中出现的关键性问题作为学习导向,在解决问题的过程中获得专业成长。在应用技术型高校中,教师更要转变教育理念,明确应用技术型人才培养目标的社会应用性特点,及时发现应用型人才培养模式改革、教学内容更新、教学方式改革等过程中出现的问题,总结经验教训,改进教育教学。应用技术型高校应通过选派教师到行业一线参观学习、参与项目开发运作、顶岗锻炼等活动,丰富教师的行业一线实践经验,获取行业发展前沿信息,并将经验转化到教育教学工作中,丰富教学内容,改革教学方式,提高培养应用型人才的教学能力,促进个人专业发展。

(二)着眼激发内驱力,创建积极的教师专业发展环境

"内驱力"一词由瑞士分析心理学创始人荣格首先提出。他认为内驱力是个体在和环境以及自我交流过程中产生的具有驱动效应的、能够驱使有机体产生一定行为的内部力量。内驱力与需要具有密切的关系,它是在需要的基础上产生的一种唤醒状态,同时也是满足需要的重要条件。诺尔斯的成人教育学理论与内驱力学说有异曲同工之妙。其基本观点之一,就是认为成人有一种希望他人将自己看成是独立个体的心理需要,即成人的自我概念,不再是依赖于他人的人,而是能够自我指导的人,为了适应社会需要而产生明确的学习意识。因此,成人的学习应特别强调将其置于学习过程的中心位置,促使其获得尊重感和自我认同,实现自发、自主的学习。今天的高校教师专业发展必须充分理解和运用诺尔斯的成人教育理论,充分认识内驱力对于成人学习的重要性。上文曾经论及,高校教师作为具有较高自我发展意识、追求职业生涯卓越的专业人员,具有专业发展的强烈需要,但是,这并不意味着高校教师天然地具有专业发展的内驱力。现实中存在着部分教师满足于工作现状、专业发展的积极性和主动性低,或者有发展的需求却不能付诸行动等现象。因此,如何激发教师专业发展的内驱力,引导他们实现专业的持续发展显得尤为重要。

外部环境对内驱力的产生具有重要的促进或阻碍作用。某些高校在教师专业发展过程中,由于措施和方法不当,往往给教师带来强制性等感觉,导致其产生抵触情绪。有学者将这种现象称为"教师的被动专业化",说明高校缺乏对教师专业发展的信任,不能激发教师的内在积极性①。因此,高校必须营造有利于激发教师专业发展内驱力的优良的外部环境。这就要求高校应充分考虑到高校教师的职业特点和专业

---

① 郑淮,马林. 成人教育基础理论[M]. 广州:中山大学出版社,2015:139.

发展规律，真正尊重教师的主体性，凸显他们的主体位置，通过科学合理的评价奖励等措施，引导教师真正体验到个人专业成长对于教育教学发展的重要性，激发其专业发展的内在驱动力。

（三）引导教师学会反思，以反思促发展

上文在介绍麦基罗的转化学习理论时曾指出，该理论的核心是批判性反思，也称为知觉转换。对于实践与反思对教师专业发展的贡献，美国心理学家波斯纳提出了“教师成长 = 经验 + 反思”的著名公式。这种反思通常肇始于成人在社会活动中面对危机的时刻，通过反思对原有的知觉系统进行修改，以适应新的情境①。就高校教师的反思而言，它来源于教师在教学实践中遇到的困惑或问题。高校教师作为具有丰富社会经验的成人，在不同的专业发展阶段，拥有不同数量和质量的教学经验。这些经验如果只是教学的重复便失去了存在的价值。只有当教师认识到教学反思的重要性，并将反思的结果应用于实践时，才能促进教学的不断改进。而伴随这个过程的，就是教师专业上的发展，实现由经验型教师向研究型教师的转变。

处于不同职业发展阶段的教师，遇到的问题各不相同。如新入职教师可能会为课堂组织与管理而苦恼；入职 3 年以上的教师，可能会苦恼于自己拥有的知识滞后于突飞猛进的学科专业发展；35 岁以上的骨干教师则会在教学策略上动脑筋，考虑如何培养学生的实际操作能力，以使其能够接轨社会，或潜心于对教学实际进行梳理研究，总结规律，以形成个人的实践性知识。教学实践中出现的令当事教师印象深刻的矛盾和问题是反思的源泉，正是由于这些矛盾和问题的出现，才使教师产生了思考、解决矛盾和问题的动力，实现专业的成长和发展。

随着社会科技文化的快速发展，终身学习已成为全世界公认的理念，也是个人进步和发展的必然选择。应用技术型高校的人才培养目标特点要求变革教学内容、教学方式和手段，对教师队伍也提出了更高的要求。成人教育理论的研究成果为高校教师专业发展路径提供了理论借鉴，尤其是对成人学习者的特点和规律的研究，更有利于人们结合应用技术型高校的办学特点，对如何促进教师队伍的专业发展开展深入研究和实践。

〔徐艳，河北传媒学院舞蹈艺术学院讲师，硕士，主要研究领域：教师专业发展；张琳琳，河北传媒学院艺术设计学院副教授，硕士，主要研究领域：艺术设计〕

① 向云平. 成人质变学习理论视角的教师专业发展再思考[J]. 中国成人教育，2017(7)：135.

广告配音教学法管窥

张家琪

【摘要】广告配音属于“影视配音艺术”教学的一部分,用声及表达有其独特的规格。学生在初次接触广告配音时,往往不能准确把握广告配音的吐字方法及用声特点,表达囿于形式。教师在教学中,应培养学生树立新的吐字、发声的理念,让学生通过“外”而寻“内”,最终走上广告配音的正确的创作道路。

【关键词】影视配音艺术　广告配音　艺术语言表达

随着当下传媒事业的蓬勃发展,配音人才的需求量在不断加大。配音行业人才来源广泛,一部分来源于社会中的配音爱好者,一部分来源于工作在一线的播音员主持人,另一部则来源于开设播音与主持艺术专业或配音专业的相关院校。

高校作为配音人才重要的输出地,承担着至关重要的配音人才培养任务。“影视配音艺术”是播音与主持艺术专业的核心课程之一。就当下“影视配音艺术”课程授课内容的构成来看,主要是由纪录片解说、广告配音、电视栏目配音及影视剧配音这四大模块构成。但因受从业环境、教学硬件设施、师资力量等制约,“影视配音艺术”课程授课难度较大,授课体系还不完善。这四大模块中的每一模块都可以单独进行探讨研究,本文将着重从“广告配音”教学法入手,探讨广告配音教学中存在的问题,通过辨析广告配音教学中存在的一些误区,以期丰富广告配音教学方法,从而培养出更加符合传媒市场需要的广告配音人才。

一、广告配音概说

“广告”一词属于舶来词,但广告活动却由来已久。在我国,“有的学者将我国广告事业史的上限,追溯到夏(公元前 2070 年—前 1600 年)、商(公元前 1600—前 1300

年)、周(公元前1300—前771年)三代”①。随着科技发展及媒介技术的进步,信息的传播由早先的口语传播发展为现在的电子传播,广告活动已不单单是简单的文字传播,更多的是依赖于现代媒介技术进行的“视听综合”式的传播。

“广告配音是一个融合广告学和播音学的有声语言创作领域。它往往短小精悍,言简意赅,主题鲜明,画龙点睛,这需要配音员具有动听的声音、丰富的语言表达技能,以及对于广告内容的正确认知。”②可以说广告配音是“艺术+商业”的融合式产物,无论是广播、电视还是新媒体,广告在其中都占据着重要的地位,它是各媒介经济效益的重要来源之一。

广告配音主要由音频广告配音和视频广告配音两部分构成。音频广告配音的要素主要为音乐、音效、人声三部分;视频广告配音的构成要素主要为音乐、音效、画面、人声。相比音频广告配音,视频广告配音具备更多的创作维度。综合来说,在音频广告中,配音者占据着主导地位,因为音频广告是听觉上的艺术,受众无法观看画面,想要获得良好的宣传效果,只能依赖于配音者声音的塑造能力,让受众通过配音者的声音,唤起自身的想象。而视频广告配音依赖于视觉传播,配音员的声音只是构成画面的元素之一,不再是主导,具有“含而不露”的特点。所以说,视频广告配音的用声强度、情感表达色彩要略淡于音频广告配音,并且在有声语言创作时,语言表达的节奏及语速受到画面的制约。在教学过程中,一方面,要让学生在配音时,能够区分音频广告配音与视频广告配音在表达及用声上的差异;另一方面,也要让学生意识到,无论是音频广告还是视频广告,二者在表达规格中,差异性并不明显。鉴于此,本文将视频广告配音与音频广告配音整体上视为一体,对其进行教学法探讨,不再单独划分阐释。

在广告配音中,当下配音员的声音划分主要有三类,分别为:男/女低音、男/女中音、男/女高音。广告配音的声音气质主要有两类:一类是成熟稳重型,一类则是青春时尚型。其表达方式“一种是角色配音,另一种是旁白配音”③。

二、广告配音教学中的难点及应对策略

广告配音教学有别于其他语体的教学。它不像新闻播音有其固定的规格,也不像朗诵,其情感易于把控。不同的产品对于配音员的语言样态有不同的要求,即便是同类型产品,因其卖点的差异性,对配音员配音表达的要求也不尽相同。可以说,广告配

---

① 刘家林.新编中外广告通史[M].广州:暨南大学出版社,2011:5.

② 施玲.电影电视配音艺术[M].杭州:浙江大学出版社,2014:271-272.

③ 王明军,阎亮.影视配音艺术:2版[M].北京:中国传媒大学出版社,2015:84.

音像是一门微雕艺术,需要配音员具备高超细腻的表达技术以及精细的情感把控。

当下,我国单独开设配音专业的院校并不多,比较知名的有浙江传媒学院、中国传媒大学南广学院等;有些院校,例如上海同济大学已停止招收配音专业艺术生;而绝大部分高校将配音纳入播音主持艺术课程的体系当中,且课程开设最多为一学年,并非专门培养。“影视配音艺术”虽属于播音与主持艺术的范畴,但其创作表达有自身特点,而高校学生因进校后受“字正腔圆”“声挂前腭”等播音主持的语言特点的训练及观念影响,往往很难适应配音作品的用声、表达的要求;加之学校硬件设备局限及实践机会不多等客观因素的影响,“影视配音艺术”对于大部分院校的学生来说,是一门浅尝辄止的课程。

结合学生当下的就业环境来看,学生毕业后从事广告配音的可能性要比从事纪录片、影视剧配音等的可能性更大。因为任何传播媒介都有广告的身影,也都需要广告,一家电台或电视台每年收入的绝大部分来源于广告。通常情况下,广告是由本台播音员主持人进行配音的,但纪录片、影视剧这些更专业的配音任务,则会交给专业配音员或配音机构进行制作,因为刚毕业的学生很难胜任这类工作。所以在课时规划上,教师可把课时适当向广告配音教学倾斜。

大部分学生因受播音主持艺术语言表达教学的影响,在第一次接触广告配音时,不知如何表达,容易产生畏难心理。因此如何培养学生新的表达习惯,这是授课的重点和难点。

(一)摆脱用声束缚,重建发声理念

在广告配音教学中,学生提到最多的问题就是如何用声的问题。例如,大部分男生专注于某些著名配音员的声音是如何发出来的,在配广告时如何使自己的声音厚实而有质感;女生则更喜欢专注于自己的声音是否甜美、能吸引人等。关注自己的声音无可厚非,对于受众来说,配音员的声音品质是受众是否持续关注此条广告的重要因素之一,况且作为一名广告配音员,如何把自己的音色之美发挥到最佳,也是应该考虑的问题。不过,对于初学广告配音的学生来说,重声音轻表达,甚至忽视所配内容,一味追求声音上的塑造,同样是一个误区。有些学生虽然可以模仿电视广告中某些配音员的声音,也能给人带来“像某人声音”的感觉,但这并不利于其日后发展;况且依赖于“像某人声音”的资本是不足以完全胜任广告配音工作的,毕竟画龙画虎难画骨。

仔细分析会发现,学生之所以热衷于模仿知名广告配音员的声音,根本原因在于学生之前所受训练的用声方法无法适应广告配音的用声要求,于是他们只能依靠模仿来解决这类困难。如果学生无法在声音上找到适合于广告配音需求的用声方式,教师

只是一味地引导其注意表达内容，则不利于学生日后的学习。这并不是"唯声音至上"。要说明的是，广告配音有其独特的用声规格，教师在教学中，必须先帮学生卸下用声的枷锁，给予其相应的训练方法，如此才能有利于教学，教学质量也才会得到提高。

播音与主持艺术的发声，追求一种用声的最佳状态，通常称作"声挂前腭"，即气柱声束打在硬腭前部。"声挂前腭"的共鸣状态可以使语音集中、圆润①，但在广告配音中，保持"声挂硬腭"的方法却不太适用。当下广告配音已走过了"大力丸"式的配音时代，广告配音要求配音员具备较强的声音强弱、虚实的控制能力。如今的音频设备灵敏度较高，受众的审美趣味也提高了，那种"大力丸"式的表达已难以赢得受众的信任。因此，教师在授课时应让学生树立一种新的用声理念，即配音时要"重音质，轻音量"。

这里所谓的"重音质"是指"共鸣焦点"的调节和运用。"共鸣焦点"可以理解为用声时声音着力的位置。这个位置应该是汇聚声音的一个焦点，焦点越集中，声音的质量则越高。例如孙悦斌在配《国窖 1573》这条广告时，其用声的"共鸣焦点"在鼻腔稍后高于硬腭的位置，闭口哼鸣时可以非常清晰地感受到此"共鸣焦点"。再如韩莹棣在配《中国移动全球通》广告时，用声的"共鸣焦点"位于喉部，即气泡音的位置。可见，广告配音的用声，并非一味地强调"声挂前腭"，而应根据不同的产品特性，改变发声点。授课时，教师应让学生边听经典的广告配音案例，边进行用声的相关理念引导。

当然，概念的建立并不能马上转换成现实技巧。教师在授课时应给予学生新的练声方法。传统的练声方法重音量、音高的训练。作为一名艺术语言工作者，音量、音高的训练固然重要，但是在录音设备如此敏感、录音环境十分优越的今天，在话筒前合理地运用自己的音强及虚实，让话筒拾取最好的音质才是根本。授课时，教师应着重引导学生训练并树立"音质"的意识，练声时将意念放于自身音质的控制上，用耳朵做好监听，而非以往练声时追求高音量及穿透力。好的音质建立在好的"共鸣焦点"之上。练声时，教师可以指导学生在头腔、鼻腔、口腔、咽腔、胸腔处寻找到自身的最佳"共鸣焦点"，之后让学生选择一篇广告词，在不同的"共鸣焦点"处进行声音练习，耳朵同时做好音质的监听，并进行音频录制。最后，教师进行听评，并根据学生的用声情况进行有针对性的指导。这样做的根本目的，在于让学生树立多元化的发声技巧，摒弃盲目模仿，从而获得真正属于自己的声音。

---

① 张颂. 中国播音学[M]. 北京：中国传媒大学出版社，2011：154.

(二)重新培养"吐字规格"

播音与主持艺术的吐字讲究字正腔圆。"字正腔圆是播音主持吐字准确、清晰、圆润、集中、流畅的集中体现。"①播音员主持人的吐字有着严格的训练及要求,这也是每一位艺术语言工作者不能抛弃的传统。但在广告配音中,传统的"字正腔圆"的要求被打破,如果在广告配音当中依然坚持"叼字头、立字腹、归字尾",则无法胜任广告配音的工作。这并不是说广告配音不要求字正腔圆,只是广告配音中的字正腔圆指的是整条广告中配音员吐字的和谐优美,这种美的构成可以是多种多样的。

在教学当中,经常会碰到学生拿到作品不会配音的现象,学生自我判断的标准是配出来的作品"像或不像"他所听到的那条广告的原声,也就是常说的配出来有没有"广告味儿"。很多学生即便是找到了声音位置,配音时依然存在着表达生硬刻板的现象。除心理因素外,大部分原因在其吐字上。广告配音的吐字,不同于传统播音主持中的吐字标准,因其表达需要一定的艺术化处理,所以吐字时,会有一定的"变形"。这里的变形,是指吐字时,并不再是一般意义上的"叼字头、立字腹、归字尾"。例如在为时尚轻快型广告配音时,根据产品,配音员的用声为了体现年轻、活力之感,咬字一般会加强字头的力度;再如为独白式广告配音时,通常用声较为含蓄,少渲染色彩。总之,配音时,字腹拉开立起的程度要更为夸张。当然,不同类型广告配音的吐字有其相应技巧,授课时教师要向学生传达"吐字变形"的意识,这样,学生在听广告时才会有的放矢。"会听"也是提高自身广告配音水准的重要途径。

"吐字变形"主要是指为广告配音时吐字的"枣核型"产生变体,但"枣核型"的基本形态不应该改变,也就是常说的"戴着镣铐跳舞"。教师在训练学生的吐字技术时,可让学生体会不同吐字方法产生的不同吐字效果。

(三)"由外到内"引导,回归表达本源

广告配音的教学可"由外到内",引导学生找到配音的感觉。所谓"由外到内",是指在教学中,可以先引导学生从外部吐字发声技巧入手,借由外部技巧反观自己的内在感受。

广告配音文稿内容短小,文字寥寥数笔,但意境无穷。优秀的配音员可以将广告词中独特的意蕴通过有声语言充分传达给受众,这与其独到的内在感受密不可分。这种感受的依据则源于配音员的联想与想象,教师在对学生进行平时训练时应予以

① 中国传媒大学播音主持艺术学院.播音主持语音与发声[M].北京:中国传媒大学出版社,2014:7.

注意。

这里的联想,是指根据广告文案确定自己在作品中的角色身份,找准声音气质。拿到一篇作品可先让学生根据文字内容找准自己的角色定位,不同的角色对广告词的阐释和表达有不同的方式;根据规定好的角色,再进一步探索其语言表达特点。

这里的想象,是指配音员通过个体想象,唤起个体对正在使用所配产品的内在感觉。当然这种想象的程度与个体生活经验积累有关。一个热爱生活、对生活处处留心的人,要比漠不关心周围事物的人更容易唤起个体的想象力,获得超拔的自我感受。

最后,教师要适时引导学生将感觉与外部技巧充分融合,如此才可以走向一条正确的符合规律的创作道路。

三、结语

广告配音教学有其独特的方法。它不同于传统的有声语言教学,对教师的教学水平有着较高的要求。相比而言,在一线有着丰富经验的教师,其授课方法、理念更有利于学生掌握广告配音,而那些缺乏经验的教师在授课时难免会捉襟见肘。所以在教学中,教师应该多思考、多琢磨,拿不准的知识点可以向业界专家请教,切不可强不知以为知。结合广告配音的特点,教师可以引导学生由外而内地掌握广告配音技巧,先帮助学生树立新的吐字发声理念,获得外部技巧上的感知;然后再从内部深入理解广告文案,从而使学生能够将自己的感受充分地表达出来,以符合广告配音的要求。

〔张家琪,四川师范大学影视与传媒学院 2016 级硕士研究生,四川文理学院文学与传播学院播音与主持艺术教师,助教,主要研究领域:播音与主持艺术〕

斯金纳强化理论在速写教学中的应用

冯 洁 陈春伟

【摘要】应用斯金纳的强化理论,可提高速写的教学效果。第一,合理使用积分制,将速写的数量与分值相连接。画速写的数量越多,积分就会越高。第二,积极使用正强化、选择性点评。一方面,针对学生作品中的共性优势给予鼓励;另一方面,对因练习数量不足而导致的问题,教师必须耐心地解释,让学生认识到在学习的初期存在这些问题是正常的,以增强学生学习的自信心。第三,广泛利用连续强化。速写的学习不是一蹴而就的,需要教师利用连续强化方法,时刻提醒学生哪些行为一定要坚持,哪些行为必须改正,从而促进学生的学习。

【关键词】斯金纳 强化理论 速写教学

速写课程是高校动画专业学生(以下简称"学生")的一门专业基础课,它不仅可以全面锻炼学生的造型能力,还可以作为收集创作素材的有效手段。它是每个学生都应当具备的基本功之一。但是,在当前速写课程教学中,学生对速写知识的掌握与水平的提高都不尽如人意。为了更有效地提高教学质量,确保学生速写课程学习的效果,近年来笔者在教学中利用符号心理学家斯金纳提出的强化理论,做了一定程度的教学改革尝试。下面就点滴改革经验与体会谈一孔之见,以期抛砖引玉。

一、斯金纳的强化理论

斯金纳(B. F. Skinner)是美国行为主义的重要代表人物。他的主要观点包括操作性条件反射理论、强化理论和程序教学。他所倡导的强化理论是基于学习的强化原则,是一种关于理解和修正人的行为的学说。他认为,强化现象是在人们的行为中普遍存在的一种现象,人们会根据行为的结果选择是否要从事某一行为。换句话说,就是人们会反复从事某些行为,因为那些行为将产生对自己有利的结果;同时人们也会避免某些行为的出现,因为那些行为将产生对自己不利的结果。强化对人的行为的影响是通过行为后果反馈给行为人这种方式来实现的①,教师可以通过反馈信息调整学生的行为,对学生的正确行为给予鼓励,对于不良的行为给予惩罚,促使学生自觉采取会对自己产生有利结果的行为。

二、强化理论在速写教学中的作用

(一)有利于提高学生学习速写的积极性

学习积极性的高低,对学生的学习成效具有决定性的作用。把强化理论运用在点评作业中,学生听到的表扬次数增加了,他就不会对让老师看作业产生抵触情绪,甚至希望老师多对自己的作业加以指导;加之自己反复的练习得到老师的肯定,使学生认识到自己通过努力一定能够画出好作品,大大地增强了学习的自信心,学生学习速写的积极性就会得到显著的提高。

(二)有利于学生养成良好的学习习惯

由于速写练习的量比较大,学生通常很难在短时间内突击完成,只能一次画一部分。而每次画完,找老师看作业,如果得到老师的肯定并获得积分,就如同打游戏领任务交任务获得金币再继续去领任务一样。由于任务被分解,完成的难度降低了,学生乐于这样去做,久而久之,学生就养成了主动学习、经常画速写的习惯。

(三)有利于增强学生的学习兴趣

实践证明,随着强化原理在速写教学中的不断运用,学生从开始时的为了分数而画速写,逐步养成了对速写的兴趣,将手绘变成一种生活方式,融入自己的血液中,变成一种生活的需要。在这种情况下,反复的练习已不再是负担,而是一种享受。练习不再是艰辛困苦的事情,而成为抒发情感的最好形式。

三、高校速写教学面临的困难

目前高校动画专业速写课程教学面临许多困难,比较突出地表现在下列两个方面。

---

① 陈燕,董勋.浅析斯金纳强化理论在高职英语教学中的应用[J].成都航空职业技术学院学报,2015(4):28.

(一)速写练习不易持之以恒

不少学生虽然喜欢画画,但并非从小研习绘画,而是在决定报考美术院校后,在集训班中学习美术的。这种集中学习的形式,虽然可以在较短的时间里迅速提高绘画水平,但它并不符合速写教学的规律。速写的学习不是一蹴而就的。速写的学习并不需要学生拿出大量的时间集中练习,而是需要学生持续地训练。也就是说,速写需要学生持之以恒地不断练习。在教学中,由于课时有限,需要学生利用课下的时间经常练习。然而,目前大部分学生很难做到每天拿出一点时间坚持画速写,这就使得教学活动难以推进,教学效果也大打折扣。

(二)学生学习速写的畏难情绪明显

教学中,不少学生学习速写的畏难情绪比较明显。这主要是由两方面原因造成的。一方面,现今的高考美术主要是考素描和色彩,考速写的情况并不多见。因而,学生在考前培训时,并没有拿出大量的时间和精力练习速写,导致大部分学生的速写能力比较差,对画好速写也缺乏信心。另一方面,速写作为一门专业基础课程,能够培养学生的综合造型能力,激发造型的主动性,对学生未来的专业发展起着非常重要的作用。出于对其重要性的认识,为了尽快提高学生的速写能力,高校多采取增加练习数量的措施,这必然给学生带来较重的课业负担,也增加了学生学习速写的畏难情绪。

因此,如何克服上述困难,把学生练习速写的积极性调动起来,使其自觉地、持之以恒地开展练习,是当前高校动画专业速写课程教学急需解决的课题。

四、强化理论在速写教学中的应用

基于高校速写教学中面临的困难,教学改革势在必行。而在教学改革中,强化理论的自觉运用,可以收到事半功倍的效果。

(一)合理使用积分制

积分制是一种管理方式,源于大型超级市场。20 世纪,很多大型超级市场为了使顾客具有较强的忠诚度,采取了给顾客办理积分卡的办法。对于超级市场来说,购买金额换积分的措施使顾客的购买行为受到激励,顾客的忠诚度提高了,而管理成本并不大,超市的效益却提升不少①。积分制因其优越性很快被应用到其他领域。笔者认为,将积分制引入教学,可以利用积分引导学生的行为。及时加分是对学生勤加练习的肯定,从而强化这一行为,有利于这一行为的再次出现。学生画完速写获得积分,学生的这一正确行为得到了肯定,促使其继续画速写,从而获得更多的积分。这个过程就强化了学生的行为。其具体做法,是将学生完成速写的幅数与分值绑定,速写画的张数越多,积分就越高。积分值作为评估学生平时表现的主要依据,计入学生的平时成绩中。学生的积分高,平时成绩就高。

这里需注意的是,要合理确定学生所画速写幅数与分值的关系。如果量大分少,需画多幅方可换取一分,不利于激发学生练习速写的热情,起不到强化的作用;如果量少分多,一幅即可以换取若干分,虽然可以一时激起学生的速写练习积极性,但不利于学生持之以恒,同样不能达到强化学生练习速写的作用。以笔者在教学实际中积累的经验来看,一幅速写练习积 0.5 分为宜。这样既可以保证学生有动力完成学习任务,又不会使其在短时间内积满分数以致很快失去练习速写的兴趣。为了研究积分制对强化学生速写作业兴趣的效果,笔者曾在两个任教班进行对比实验。表 1 中,未采用积分制的 A 班学生完成速写数量的平均值为 48.4 幅,均方差为 8.32。采用积分制的 B 班学生完成速写数量的平均值为 59.7 幅,均方差为 2.87。这一实验在一定程度上证明,积分制能够促进学生练习速写的行为并使之得到强化。由于学生练习速写的数量大幅度增加,教学活动可以按照预想的节奏顺利实施,教学效果也显著提高。

表 1　运用积分制教学效果对比表

班级	人数	平均值(幅)	均方差
A 班(未使用积分制)	18	48.4	8.32
B 班(使用积分制)	23	59.7	2.87

(二)积极使用正强化,选择性点评

不少学生的速写基础较差,对速写学习缺乏信心,因此学习的畏难情绪较明显。教师在教学中须积极使用正强化,进行选择性点评。正强化的合理运用是强化理论的重要组成部分。正强化是使用某种有吸引力的评价或奖酬,如肯定、赞美、增资、提升等,对某一行为作出肯定和奖励使之重视并加强这一行为②。使用正强化有利于激发

① 田金环,李立华,史凌云,等.试论积分制管理在材料专业实验教学中的运用[J].广东化工,2018(1):209.

② 张晓雨,张舟.浅析强化理论在大学生思想政治教育中的应用[J].现代交际,2017(20):108.

学生的学习动机。选择性点评是指在教学中要因人而异、因作品而异实施点评。选择性点评不是简单地说“好的”“不错”。一方面,要针对学生作品中的共性优势予以鼓励,特别是对学生因多幅练习而明显改进了不足应给予重点表扬,以激励学生继续练习。比如,学生一开始进行速写练习时有一个常见的弊病,即构图时而过满,时而留有过多空白。在经过一段时间的速写训练后,学生就能较准确地把握人物的大小、留白的多少。此时,教师需及时表扬学生作品在构图上的合理性,鼓励其继续保持。另一方面,对于因练习量不足而导致的问题,如线条的流畅性不强问题、人物身体各部分之间的比例失调问题,这些问题往往会使学生感到沮丧,教师需耐心地做出解释,告诉学生这是由于手眼的配合能力不足造成的,引导学生认识这是在速写练习初期的必然现象,少安勿躁,只要坚持练习,达到一定的练习量,这些问题就可自然得到克服。相反,如果给学生反复指出这些不足,实际上是一种负强化,会增加学生的心理负担,使其越发对速写失去信心。总之,正面强化能使个体持续地做出努力以取得更好的成绩①;选择性点评,有利于帮助学生建立学习速写的信心,坚定坚持练习的决心。

(三)广泛利用连续强化

速写的学习不是一蹴而就的。在教学中,为了使学生持续练习速写,教师要善于运用强化原理。强化在学习中起到十分重要的作用,但如何给予强化决定了强化的效果,斯金纳提出以下 8 种强化程式:连续强化、定时强化、定比强化、不定时强化、不定比强化、同时强化、同时连锁强化、渐进比率强化②。根据速写教学的特点和学生的情况,应在教学中广泛利用连续强化,促进学生的学习。连续强化是指每当正确行为出现的时候都给予强化。速写训练是一个不断试错的过程。在初始的学习阶段,学生对什么是需要保持的行为,什么是应当避免的行为,只有一个模糊的概念。这时,需要教师利用连续强化,时刻提醒学生哪些行为一定要坚持,哪些行为必须改正,从而促进学生建立起正确而清晰的速写概念,逐步掌握速写技能,进而发展为速写技巧。

五、结论

随着动画专业的发展,动画教育工作者也在不断探究更加行之有效的教学方式,以提高教学的质量。教学实践证明,斯金纳的强化原理对提高速写教学质量有着重要

① 郑巧.斯金纳的强化学习理论在教育中的应用探讨[J].求知导刊,2015(6):64.
② 张远平.斯金纳理论对教学管理的启示[J].时代教育,2012(2):16.

的指导作用。强化原理的应用可以使学生逐步养成良好的学习习惯,并提高其速写学习的积极性。需要注意的是,教师一定要加强过程管理,实时掌握学生的学习情况,特别是存在的问题,有针对性地运用强化原理,才能使强化原理发挥它应有的作用。如果不顾学生的学习情况和接受能力,生搬硬套地使用强化原理,将适得其反。

〔冯洁,河北传媒学院动画学院讲师,硕士,主要研究领域:艺术学;陈春伟,河北传媒学院动画学院讲师,硕士,主要研究领域:艺术学〕

"一带一路"背景下经贸小语种人才培养的反思

张洁清　杨　希　解林红

【摘要】"一带一路"倡议的发展,形成多种语言需求,而经贸小语种人才匮乏。当前,我国小语种经贸人才培养存在专业设置不足与课程模式设置单一、人才培养目标模糊、教师数量缺乏与教学水平低下等不足,因此,提升经贸小语种教学水平,为"一带一路"倡议培养高质量的经贸小语种人才是时代发展的必然趋势和选择。须着重在转变教学观念,明确培养目标;完善课程设置,重视实践教学;建设教师队伍,加强师资力量等诸方面下功夫。

【关键词】"一带一路",小语种教学,经贸翻译,人才培养

"一带一路"是党和国家在全球经济共同发展的时代趋势下提出的一项重要倡议,是对我国古代丝绸之路的拓展与延伸,是实施对外开放、全面深化改革的有力举措。"一带一路"倡议的提出,不仅对我国的经济和社会发展具有重要的影响,而且对沿线各国的经济和社会发展都具重要的历史意义和现实意义。"一带一路"沿线国家众多,使用的语言种类也众多,且这些语言多为小语种。目前,通用的小语种人才本身就缺乏,而"一带一路"沿线国家贸易往来的日益频繁,使得精通经贸知识的小语种人才更显匮乏,经贸小语种人才的需求逐渐扩大①,而我国经贸小语种人才的培养和教学却较为滞后,不能适应"一带一路"倡议对经贸小语种人才的要求。为了解决这一问题,更好地促进"一带一路"倡议的实施,经贸小语种人才培养和教学的改革势在必行。

一、"一带一路"背景下经贸小语种人才的机遇与挑战

随着"一带一路"倡议的推进和发展,我国与沿线各个国家和地区之间在经济、政

---

① 杨云升."一带一路"建设与小语种人才培养[J].新东方,2016(4):59.

治、文化和贸易等方面的往来不断加强。在经济和贸易往来中,经贸知识的应用和语言的需求成为绕不过去的问题,而"一带一路"沿线国家大部分的母语属于小语种,这为我国的经贸小语种人才施展才华提供了良好的机遇,同时又对经贸小语种人才的培养提出了前所未有的挑战。

(一)"一带一路"所涉区域辽阔,形成多种语言需求

"一带一路"是中国与亚欧非大陆之间经济要素流动和资源配置的重要纽带。据统计,"一带一路"沿线共有60多个国家和地区、100多个城市,涉及40多种语言。这些国家和地区之间的交流与合作都有着各自的语言特点和文化氛围,成为国家和地区间经济交流的一种阻碍因素,而小语种翻译人才是克服这种阻碍的重要条件。这一现实而强烈的需求,为小语种人才就业和大展身手铺垫了广阔的平台,提供了良好的机遇。具体表现在为当前的小语种翻译人才和"小语种+专业知识"的复合人才提供了大量的就业和创业机会。

从国际方面看,"一带一路"是各国经济贸易往来和要素配置的平台。我国"一带一路"倡议实施之后,在沿线各国和各个地区开展了大量的工程建设和项目投资,这些工程和投资项目兼具了专业性和综合性的特点,不仅对专业知识和人才有很高的要求,而且对能够用小语种翻译专业知识的人才也有很高的要求。同时,由于建设项目数量的逐渐增加,必然不断增加小语种翻译人才的需求数量,这在国际范围内为小语种翻译人才和"小语种+经贸知识"复合型人才的就业提供了广阔的就业平台和难得的创业机会。

从国内方面看,"一带一路"倡议的实施,也推动了国内市场的各相关领域的改革,各工作部门都开始重视吸纳和使用小语种翻译人才和"小语种+经贸知识"复合型人才,根据需要设置了许多岗位,这就为相关专业的学生毕业之后进入国家机关、高校、外贸单位和金融机构等重要岗位就业扩展了机会。

(二)区域内经贸交流频繁,经贸小语种人才匮乏

"一带一路"在扩大小语种人才的就业渠道和发展平台的同时,也对我国当前小语种人才的培养提出了巨大的挑战。就当前的实际情况而言,我国经贸小语种复合型人才相对匮乏,无论是数量还是质量都无法适应"一带一路"倡议提出的高需求和高要求。

一方面是经贸小语种人才的数量缺乏,无法及时供应"一带一路"经济贸易往来的需求。当前,由于我国对经贸小语种的专业设置和招生人数存在不足,学校的专业

设置大多趋向于经贸英语、经贸汉语、经贸日语、经贸西班牙语和经贸葡萄牙语等使用人数较多的语言;而且,由于学校专业设置相对较少,学校招生人数也较少①,导致无法满足"一带一路"倡议发展的需求。

另一方面是经贸小语种人才的质量有待提高。经贸小语种是一种需要既掌握和精通经贸知识,又具备相关语言背景的专业,因此经贸小语种专业培养的人才是一种复合型的人才。经贸小语种人才的培养需要非常先进的教学理念、高质量的教师、高水平的课程设置和高标准的培养机制。然而,由于经济发展水平和教育观念的制约,经贸小语种人才的培养质量尚未达到"一带一路"倡议需要的高度。

二、我国小语种经贸人才培养和教学存在的主要问题

为了充分应对"一带一路"倡议提出的挑战,从根本上改变当前我国经贸小语种人才缺失的困境,必须对经贸小语种人才培养的源头——经贸小语种的教学进行反思与改进。本文拟从经贸小语种的专业与课程设置、人才培养的目标与机制以及教师数量与质量三个方面,分析当前经贸小语种人才培养和教学中存在的问题。

(一)经贸小语种专业设置缺乏,专业课程模式单一

随着经济全球化的不断深化,世界各国的经济贸易交流不断增强,经贸语言课程的设置也逐渐增多。然而,经贸语言课程大部分为使用人数众多的语言,经贸小语种的专业设置却相对缺乏,专业课程模式单一。

首先,高校经贸小语种专业设置不足,招生人数少。高校在设置经贸外语专业时,往往沿袭传统的做法,大多偏重于经贸英语、经贸汉语和经贸日语等专业,因此,这些专业的招生人数相对较多,培养的人才数量也较多。而"一带一路"倡议对经贸小语种人才的客观需求尚未及时反映到专业设置上,经贸小语种专业的开设远远滞后于客观需求。由于经贸小语种专业设置不足,招生人数非常有限,导致经贸小语种人才出现了供不应求的现象。

其次,高校经贸小语种专业的课程模式单一,着重于知识的传授而忽视了实践的锻炼。高校经贸小语种专业一方面存在着设置不足的现象,另一方面在人才培养上还存在着课程模式单一的缺陷,尤其是对实践课程重视不足。众所周知,只有经过实践这一环节的锻炼,学生才能将所学到的知识内化于心,真正地掌握和应用知识。实践

---

① 广西区委会."一带一路"倡议实施中亟待解决小语种人才匮乏问题[J].前进论坛,2016(3):28.

课程的缺乏，使经贸小语种专业的学生所学的内容往往停留在理论和知识层面，当他们面对真实的翻译任务时，不免绠短汲深、难以胜任。

（二）经贸小语种人才培养目标模糊

人才培养目标是专业设置和课程设置的导向。目前，在我国设置经贸小语种专业的学校中，其人才培养目标大多局限于对经贸小语种专业学生的经贸知识、语言词汇、阅读能力和口语能力等进行教学和训练，而忽略了经贸知识与语言能力的有机融合，而且对于实际应用能力的培养在培养目标中也强调得不够到位。这表明，当前我国教育管理部门对于经贸小语种人才的培养目标的认识还没有跟上时代的发展。“一带一路”倡议对经贸小语种人才的数量需求不断增加，教育部门和学校对于经贸小语种人才的认识未能随着时代的发展而做出积极的适应，仍然囿于传统的理念和做法，在人才培养目标的设计上将经贸知识的教学和小语种语言能力的培养割裂开来，未能深刻认识二者的有机结合是“一带一路”倡议的迫切要求。这就严重制约了经贸小语种人才的成长和发挥作用的空间，置身小语种经贸语境时很难做到充满自信、应付裕如。

（三）经贸小语种专业师资力量薄弱

教师的数量和水平是影响经贸小语种人才数量和人才质量最关键的因素。因此，当前我国经贸小语种教师数量短缺和教学水平低下是经贸小语种人才培养中最显著的薄弱环节。

首先，最直观的表现就是经贸小语种专业教师数量上的奇缺。由于经贸小语种专业得不到应有的重视，经贸小语种课程少、学生数量少，许多学校对经贸小语种专业师资队伍建设也都置诸末位，教师数量往往不敷使用，有的学校甚至只有数名代课教师。客观地说，当前招聘经贸小语种专业教师难度也比较大，社会上专攻经贸小语种专业的人才原本就是一种稀缺资源。高校薪资待遇水平相对低下，在争夺经贸小语种专业人才时，无法与薪资水平高、各方面待遇较好的企事业竞争。还应看到，教师的遴选条件有其特殊性。以经贸小语种专业教师为例，不是拥有经贸和小语种知识及能力就能满足该专业师资的条件要求，还必须拥有一定的教育教学知识，为人师表的素质，有从事教师工作的潜质，这都大大限制了从本来数量就较少的经贸小语种人才中获得师资的可能性。

其次，经贸小语种专业教师培训机制不健全。经贸小语种专业教师由于数量少，一般院校都不能为该专业教师举办有针对性的培训，通常仅安排该专业教师参与一般性的师资培训。学校安排教师培训进修、外出参与学术活动时，目光往往盯在师资数量众多的主干专业上,经贸小语种专业教师成了被遗忘的角落。由于师资数量少,该专业的教师自身也很难在岗位上组织开展本专业的教学和学术研究,因此,经贸小语种专业教师的专业成长和发展是一条布满荆棘的道路。而经贸小语种专业师资力量薄弱,必然导致教学水平的低下,人才培养质量受到很大制约,培养出来的专业人才在担任职业翻译工作时会影响对外经贸工作的效率和效益,在从事培养人才的教学工作时则会制约人才培养质量,成为一种恶性循环。

三、改善经贸小语种人才培养的建议

针对上述存在的突出问题,笔者认为,应当从以下几个方面改进和完善经贸小语种人才的培养工作。

(一)明确培养目标,转变教学观念

培养目标是培养人才的方向和规范,教学观念是培养人才的先导因素。为"一带一路"培养高质量的经贸小语种人才,必须确立明确的培养目标,具备开放的、创新的教学观念。

其一,确立明确的培养目标。改善经贸小语种专业人才培养工作,首要的问题应当根据"一带一路"倡议发展的要求,确立适应时代发展需要的人才培养目标。这一培养目标在继承传统的人才培养目标合理要素的基础上,重点明确和凸显经贸知识与小语种运用能力有机结合的能力和素质,培养复合型的经贸小语种人才①。同时,应当不断完善培养机制,多方共同努力,为小语种人才的培养构建一个全方位、多角度的培养机制体系。

其二,树立开放与创新的教学观念。树立开放与创新的教学观念,具体到经贸小语种人才教学中,就是须确立为"一带一路"倡议实施服务的理念。院校和专业教师应当深刻认识经贸小语种人才在"一带一路"中的重要意义和作用,研究"一带一路"倡议的实施对经贸小语种人才的要求,并着眼这种要求,反观传统的人才培养过程中存在的陈旧理念,破旧立新,形成新的经贸小语种人才教学思路。

(二)完善专业和课程设置,重视实践教学

完善课程设置和教学模式,是加强经贸小语种人才培养的基石。针对当前经贸小

---

① 董青.独立学院学生特质与经贸日语教学改革[J].科技经济市场,2009(5):158.

语种人才专业课程设置和教学模式存在的问题,须重点从以下几方面做出努力。

一是充分论证、积极稳妥地完善专业设置。为更合理地设置经贸小语种人才的专业和课程,教育主管部门和相关院校须加强调查研究。调查研究的重点,一是全面了解和把握"一带一路"沿线国家和地区语言使用现状;二是了解"一带一路"经贸往来的实际情况;三是分析当前使用频繁而专业设置又相对缺乏的小语种的现状。在此基础上,充分论证、积极稳妥地设置相关的专业。强调"充分论证、积极稳妥",意在克服专业设置的盲目性,防止一哄而上。教育主管部门必须审慎地衡量教学设施设备,特别是师资等教学条件,贪多贪大、急于求成所造成的损失和影响殷鉴不远。

二是合理安排课程,注重综合应用能力的培养。"一带一路"对经贸小语种人才的要求相对较高,需要能够以熟练和专业的小语种语言表达精准的经贸概念以及无障碍地进行情感交流,因此,院校应当加强"经贸 + 小语种"的综合课程设置。而此处所谓的综合课程有狭义和广义两个层次。狭义层次的综合课程,是指经贸知识课程与小语种课程的有机综合、融合。经贸课程和小语种课程固然须当各有侧重,有明确的边界,彰显各自的课程性质。但是,二者又应当相互呼应,彼此有一定程度的渗透融合,使学生在学习小语种课程时能够接触和扩展经贸知识,反之亦然。广义层次的课程,是指以经贸课程和小语种课程为核心的相关课程的综合、融合。经贸活动从来不是单纯的经济行为,经贸活动中不可避免地会涉及社会、政治、民俗、信仰、文化等多种要素。一名小语种经贸翻译工作者,在全面掌握经贸专业知识和形成小语种能力,能够以流畅的、专业的小语种语言精准地表达经贸用语的基础上,必须对自身所涉及的国家和地区的相关知识有足够的了解,能游刃有余地应对翻译工作中碰到的经贸以外的种种问题。因此,院校的课程设置必须着眼这一高层次要求,规划大综合的课程体系,给予"一带一路"沿线国家和地区社会、政治、民俗、信仰、文化等知识课程应有的地位,确保必需的课时,下大力气培养经贸小语种复合型人才。

三是转变教学模式,注重实践教学。当前的小语种课程教学,仍然不能摆脱长期形成的以课堂知识学习为主的教学模式,强调和提倡多年的实践性教学始终不能扮演教学模式中的主角。为培养真正适应"一带一路"倡议需要的经贸小语种人才,必须坚决地摒弃以课堂知识学习为主的教学模式,树立课堂教学与实践教学并重的教学理念,建立"课堂教学与实践教学相结合"的教学模式。这里重点探讨经贸小语种人才培养如何开展实践教学的问题。首先谈谈课堂实践教学的问题。课堂教学并不如有些人认为的那样,与实践教学截然对立。通过精心设计,课堂也可以是经贸小语种实践教学的一个重要平台。如可以通过情景模拟、开放课堂等实施实践教学。事实证明,这也可以收到不错的实践教学效果。所以,大可不必一说到实践教学就把课堂教学排除在外。任课老师应充分认识课堂实践教学的可能性,加强研究,探索经贸小语种课堂实践教学的形式与途径,总结课堂实践教学的经验,使经贸小语种课堂实践教学的功能得以充分发挥。其次,谈谈社会实践教学的问题。院校通常采取与参与"一带一路"任务企业建立联系的方式,组织学生利用假期和课余时间深入到企业,参加他们的生产和贸易活动,积极担任力所能及的经贸翻译工作,让学生在真实的经贸实践活动中得到全面的、综合的锻炼。就目前实际情况看,社会实践教学是提高、增强学生经贸专业知识和小语种翻译运用能力的比较理想的途径,但在采用这一途径时往往面临诸多困难。比如,选择开展实践教学的企业有较大的难度,一些企业因各种原因缺乏接受院校实践教学任务的积极性,对进入企业开展实践教学有怕麻烦、应付差事的现象,配合不到位,削弱了经贸小语种社会实践教学的最终效果;对学生的社会实践如何有效地进行组织和管理,也是当前社会实践教学面临的一个难题,这也在相当程度上抑制了院校与教师开展社会实践教学的主动性。本文尚无彻底解决这些难题的方案,但提出这些问题,希望能与同仁共同探讨,以期逐步解决这些"拦路虎",找到有效的社会实践教学路径,提高经贸小语种人才培养的质量。

(三)须将经贸小语种师资队伍建设作为重要抓手

加强教师队伍的建设、强化师资力量对于经贸小语种人才的培养具有重要的作用①。如上分析,经贸小语种教师的数量缺乏和教师质量不高是制约经贸小语种人才培养质量的关键性因素。因此,应当将经贸小语种师资队伍建设作为经贸小语种人才培养工作的牛鼻子,紧紧抓住不放。

一方面,制定合理的经贸小语种师资筛选标准,从实际出发延揽师资。理想化的经贸小语种师资是具有一定的教育学知识,既精通经贸知识,又能娴熟地运用某个小语种实施教学的复合型人才。"严师出高徒""名师出高徒"。只有复合型的老师,方能培养复合型的学生。经贸小语种专业的师资队伍建设必须瞄准这样的长远目标实施建设。但从目前情况看,很难做到一步到位。必须从实际出发,制定经贸小语种师资筛选标准。不好高骛远,不责备求全,坚持着眼某个方面的特长选才,以师资队伍内部个体之间长短互补形成的整体优势,弥补个体的不足,以首先解决师资数量上短缺的困扰。随着经贸小语种人才队伍整体质量的逐步提升,再水涨船高地提高师资队伍筛选的标准。

另一方面,加强岗位培训,提升教学能力。在职培训是教师职业发展的重要环节,

---

① 林莉."一带一路"建设背景下的经贸越南语课程教学新探索[J],东南亚纵横,2017(1):46.

是不断改进教师教学能力、提升教学水平的必要举措。经贸小语种师资队伍水平的提升也不例外。在当前师资队伍选才存在困难的情况下，加强岗位培训对提升经贸小语种师资队伍水平显得格外重要。就教育部门和设置经贸小语种专业的院校而言，不应因其专业小、师资人数少而忽视对其师资队伍的专门培训。应当如重视主干学科的专业那样重视经贸小语种教师的专业发展，给他们以平等的进修和参加专业学术活动的机会。经贸小语种专业教师也应自觉克服自卑心理、疏解怨气，充分发挥自身的主观能动性，积极开展教学反思活动，创造条件，更多地参加经贸小语种专业师资队伍之间的横向经验沟通和学术交流，努力增强在岗锻炼的专业化程度，不断提升经贸小语种专业的教学能力和水平。

〔张洁清，河北传媒学院国际传播学院讲师，硕士，主要研究领域：国际商务文化与语言；杨希，河北传媒学院国际传播学院讲师，硕士，主要研究领域：西班牙语教学法；解林红，河北传媒学院国际传播学院助教，硕士，主要研究领域：西汉翻译〕

科研论苑

传媒类高校学术论文数据比较

王 丽 董孟怀 赵丽娜

【摘要】基于中国知网数据库,通过对传媒类高校学术论文数据统计发现,8 所传媒类高校在学术论文数量与质量方面存在显著差异。其中,中国传媒大学各项指标排名第一,浙江传媒学院排名第二,河北传媒学院、山西传媒学院紧随其后,但有的指标与浙江传媒学院相差较大,其他高校差距更加明显。存在显著差距的根本原因在于民办高校办学思想认识上存在偏差,忽视科研在办学中的重要作用,教师队伍学术水平低,部分教师学术热情低下等。因此,我们必须转变办学理念,加强科研制度建设,提高教师队伍的学术水平,尤其注重激发老教师的科研积极性。

【关键词】传媒类高校 学术论文 科研工作 中国知网数据库

一、研究背景与数据获取

科研是高校的基本职能之一,而学术水平是衡量一所高校教学科研水平和师资队伍建设水平的重要指标。为深入了解传媒类高校之间的学术水平差异,并给传媒艺术类高校寻求科学决策、科学发展提供依据,笔者利用中国知网数据库丰富的学术期刊资源,对传媒类高校及其学科在 2010—2017 年间发表论文的情况做了统计分析。这里所谓的传媒类高校,包括中国传媒大学、浙江传媒学院、河北传媒学院、四川传媒学院、山西传媒学院、武汉传媒学院、辽宁传媒学院、四川电影电视学院 8 所(3 所公办、5 所民办);所谓的学科,包括上述传媒类高校中设置的戏剧与影视学、新闻与传播学、设计学、中国语言文学、外国语言文学 5 个。

本文认为,一所高校的学术水平取决于多方面,其中最重要的体现是刊物等级、学术影响两个方面,而学术影响主要体现在论文引用率和下载率上。因此,本文主要从上述不同高校之间的论文统计数据来比较高校之间和学科之间的学术水平差异。

二、不同传媒类高校的论文数据统计及分析

(一)不同传媒类高校学术影响分析

为了解不同传媒类高校的学术影响,本文通过中国知网数据库分别查询到各高校、各年度(2010—2017,下同)的“国内期刊论文数量”“被引频次”“篇均被引”“下载频次”“篇均下载”等数据。在此基础上,对每所传媒类高校的“国内期刊论文数量”“被引频次”“下载频次”这三类数据分别累加,得到8年来不同传媒类高校“国内期刊论文总量”“被引频次总数”“下载频次总数”3个数据;再用“被引频次总数”和“下载频次总数”分别除以“国内期刊论文总量”,得到8年来每所传媒类高校“篇均被引数”和“篇均下载数”。详细数据见表1。

表1 2010—2017年8所传媒类高校期刊发表论文及论文被引情况统计①

序号	高校名称	国内期刊论文数量	被引频次	篇均被引	下载频次	篇均下载
1	中国传媒大学	23 847	58 641	2.46	5 046 692	211.63
2	浙江传媒学院	5 321	13 362	2.51	1 040 677	195.58
3	四川传媒学院	700	421	0.60	45 250	64.64
4	山西传媒学院	1 136	735	0.65	116 942	102.94
5	武汉传媒学院	176	50	0.28	6 749	38.35
6	辽宁传媒学院	356	33	0.09	16 224	45.57
7	四川电影电视学院	180	55	0.31	7 673	42.63
8	河北传媒学院	1 470	1 277	0.87	118 080	80.33

由表1可知,8所传媒类高校的学术影响可以分为三个层次。第一个层次是中国传媒大学。该校论文数量最多,为23 847篇,篇均被引2.46次,篇均下载211.63次,因此其论文质量与影响也排名第一,这充分说明中国传媒大学的学术水平及学术影响处于传媒类高校的领先地位。处于第二个层次的有浙江传媒学院、河北传媒学院、山西传媒学院,其发表论文均在1 000篇以上,篇均被引分别是2.51、0.87、0.65次,篇均下载分别是195.58、80.33、102.94次。其他4所高校处于第三层次,论文数量在176—700篇之间,篇均被引在0.09—0.60次之间,可见其学术影响明显较小。

① 统计数据截至2018年5月3日。

(二)不同传媒类高校论文水平分析

我们分别以高校、年度以及国内学术期刊论文、北大核心期刊、南大核心期刊、SSCI、博士论文、优秀硕士论文、国内会议、报纸等为关键词,查询中国知网数据,可得每所传媒类高校 2010 年至 2017 年在各类期刊上发表的论文数据。我们对各年度发表的各类论文汇总后,可得每所传媒类高校 8 年来在各类媒体上发表的论文数。详见表 2。

表 2 2010—2017 年各传媒类高校在各类媒体发表论文情况统计①

序号	高校名称	发表论文总数	国内学术期刊	北大核心期刊	南大核心期刊	SSCI	博士论文	优秀硕士论文	国内会议	报纸
1	中国传媒大学	23 847	14 264	8 564	4 677	49	3	33	1 174	789
2	浙江传媒学院	5 321	3 288	1 399	715	8	0	143	66	103
3	四川传媒学院	700	202	103	14	0	0	0	7	7
4	山西传媒学院	1 136	642	244	29	0	0	0	0	3
5	武汉传媒学院	176	39	19	3	0	0	0	6	0
6	辽宁传媒学院	356	73	2	0	0	0	0	4	0
7	四川电影电视学院	180	37	0	0	0	0	0	0	0
8	河北传媒学院	1 470	432	253	21	0	0	0	21	4

由表 2 可以看出,8 所传媒类高校的学术水平相差巨大,基本上可以分为四个层次。无论是学术期刊论文数量,还是北大核心期刊或南大核心期刊论文数量,中国传媒大学都远远高于其他传媒类高校,甚至比另外几所传媒类高校的总和还要多;除优秀硕士论文外,它的每一项指标也比第二名浙江传媒学院多出几倍甚至十几倍。这进一步说明了中国传媒大学的论文质量和学术水平较高。这是第一个层次。处于第二层次的是浙江传媒学院,其北大核心期刊论文为 1 399 篇、南大核心期刊论文 715 篇,均远远高于其他 7 所传媒类高校的百位数和十位数。处于第三层次的依次是河北传媒学院、山西传媒学院、四川传媒学院,3 所传媒类高校的北大核心期刊论文数量分别是 253、244、103 篇,南大核心期刊论文数量分别是 21、29、14 篇。武汉传媒学院、辽宁传媒学院、四川电影电视学院处于第四层次。从研究生培养角度来看,在 3 所具有研究生培养资格的传媒类高校中,仅有河北传媒学院尚未有优秀硕士论文,亟待迎头赶上。

① 统计数据截至 2018 年 5 月 3 日。

三、传媒类高校不同学科的论文数据统计及分析

尽管8所传媒类高校在办学历史、办学定位、学科专业设置、特色学科专业等方面有所差异，但都含有艺术学和文学两个门类，并且设有设计学、戏剧与影视学、新闻与传播学、中国语言文学和外国语言文学5个一级学科。我们分别以8所高校名称和一级学科名称检索，可以得到每所传媒类高校各年度在国内期刊发表的论文数据。我们将这些数据汇总计算，分别制成图1、图2、图3、图4、图5。

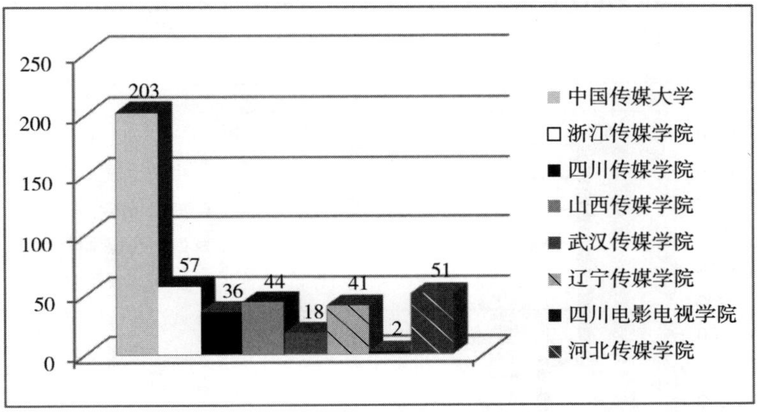

图1　2010—2017年各校“设计学”国内期刊论文发表数量统计表

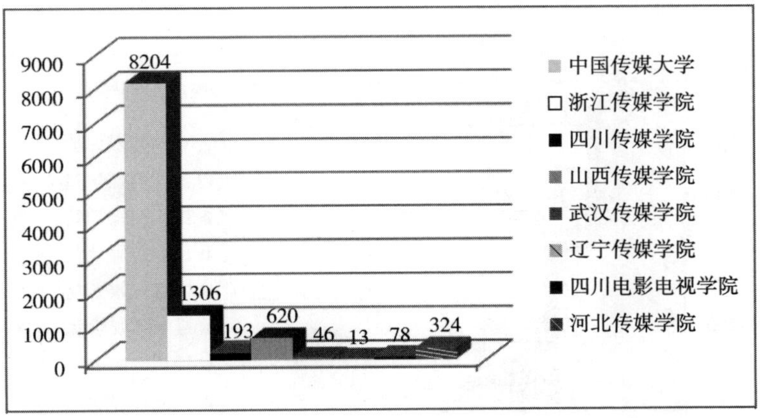

图2　2010—2017年各校“戏剧与影视学”国内期刊论文发表数量统计表

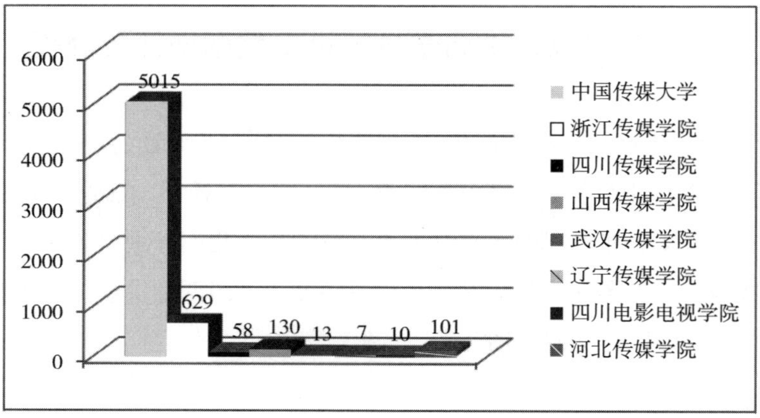

图3 2010—2017年各校“新闻与传播学”国内期刊论文发表数量统计表

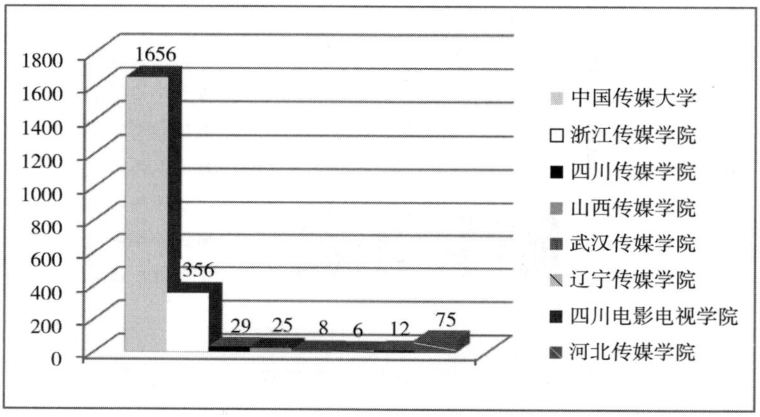

图4 2010—2017年各校“中国语言文学”国内期刊论文发表数量统计表

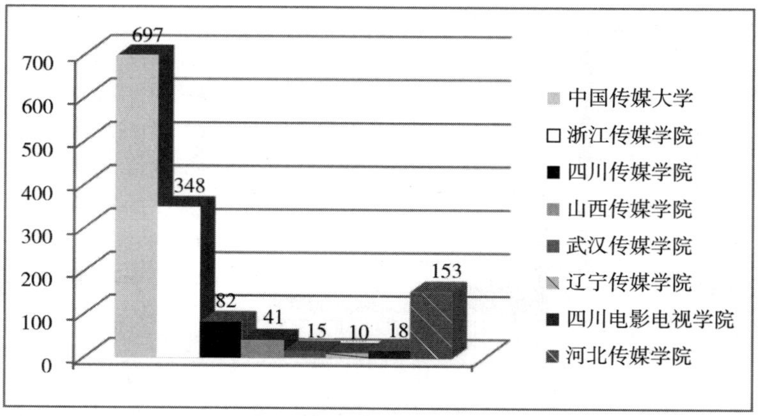

图5 2010—2017年各校“外国语言文学”国内期刊论文发表数量统计表

由图 1 可以看出,8 所传媒类高校中的设计学学科水平尽管有所差异,但这种差距不是很明显,除中国传媒大学外,其他高校基本处于同一水平,发展和努力的空间巨大。

由图 2 可以看出,8 所传媒类高校的戏剧与影视学学科论文数量差异巨大。如果以千位数、百位数、十位数为标准划分层次的话,可以分为三个层次。处于第一层次的是中国传媒大学,论文数量为 8 204 篇,以及浙江传媒学院,论文数量为 1 306 篇;处于第二层次的是山西传媒学院,论文数量为 620 篇,河北传媒学院,论文数量为 324 篇,四川传媒学院,论文数量为 193 篇;其余高校处于第三层次,论文数量只有几十篇。不同层次的数量差距较大,而且层次内部的数量相差也很大,说明低层次传媒类高校或后进传媒类高校的戏剧与影视学学科建设任重道远。

由图 3 可以看出,作为传媒类高校的重点学科,8 所高校的“新闻与传播学”学科论文数量差异显著,其差异水平以千位数、百位数、十位数为标准可以分为三个层次。处于第一层次的是中国传媒大学,其论文数量达 5 015 篇;处于第二层次的是浙江传媒学院、山西传媒学院、河北传媒学院,论文数量分别是 642 篇、130 篇、101 篇;其余高校处于第三层次,论文数量只有几篇或几十篇。由此可见,新闻与传播学虽然都是 8 所传媒类高校的重点学科,但在学术氛围、学术水平、师资队伍水平上存在显著差异,即使是同一层次的高校也有显著差异。

由图 4 可以看出,中国语言文学学科论文数量差异显著,按照论文数量等级可以分为三个层次。处于第一层次的是中国传媒大学,论文数量达 1 656 篇;处于第二层次的是浙江传媒学院,发表论文 356 篇;其他高校的论文只有几十篇,都处于第三层次。

由图 5 可以看出,相比其他学科而言,8 所传媒类高校的外国语言文学学科论文数量差异较小,只相差十个数量级,基本上可以分为百位数和十位数两个层次。处于第一层次的是中国传媒大学、浙江传媒学院、河北传媒学院,论文数量分别是 697 篇、348 篇、153 篇;其他高校处于第二层次,论文数量只有几十篇。

四、原因分析与建议

通过对近 8 年来各传媒高校发表论文的数据进行分析,可以看出 8 所传媒类高校部分学科的建设状况与学术水平上的显著差异,尤其是民办高校与公办高校的差距更加显著。这种差距的存在,既是办学历史的写照,也是师资队伍水平的反映,更是办学思想、管理水平、办学条件的体现。这些差距背后的原因可能有很多,但最根本的原因有三条。

(一)办学思想存在偏差,必须进一步加强科研工作的筹划和指导

从上文数据可以看出,论文总数量、高水平论文少的高校,全是民办高校。而民办高校在科研方面存在的突出问题是认识上存在偏差、思想上重视不够、投入上不足,认为科研可有可无、投入再多也见不到效益。这些认识上偏差的存在,致使一些民办传媒类高校的科研工作基本处于自发状态,教师只是从自己切身利益需要(职称评审、获取学位等)出发,自发地开展学术研究。这是造成一些传媒类高校,特别是民办传媒类高校论文数量少、水平低的重要原因。对此,民办传媒类高校应当转变观念,高校领导和教师都需增强科研意识,端正科研目的。这其中,民办高校领导对科研的态度最为重要。领导对科研重视与否,一方面直接决定向科研投入人力、物力、财力、时间等资源的力度;另一方面,也会直接影响教师和管理人员对科研的认识和态度。因此,民办传媒类高校的领导首先要意识到科研对院校全面建设的重要性,特别是充分认识科研结果所产生的作用通过师资这个媒介向教学传导产生的不可估量的溢出效益,摒除单纯教学观念,克服就教学抓教学的短视行为。对教师的科研指导,不应只是通过职称评审这一硬杠杠逼迫教师开展科研,而应切实引导他们搞清科研与教学相互依存、相互促进的关系,认识开展科研是助力他们专业成长的不二法门。

笔者认为,目前在认识科研和教学关系问题上存在一个不大为人们重视的问题,就是往往把科研对教学的促进作用停留在纸面上、嘴巴上,写了、说了无数遍,但教师们对此感受并不感性,更谈不上深刻,所以很难让教师们把科研与教学紧密地结合在一起。因此,传媒类高校特别是民办传媒类高校在加强科研工作指导时,一是切实指导和要求教师们从教学实践中选择研究题目,指导各教学单位定期组织教师反思、归纳教学实践中存在的问题,从中提炼研究课题;二是指导各教学单位适时组织科研成果反哺教学活动,研究科研成果向教学转化的途径、方法;三是组织教师畅谈科研成果运用于教学的收益,包括教学质量的提升和个人素质的增强。通过上述具体的措施,让教师掌握科研与教学结合的具体方法,真正尝到科研与教学结合的甜头,从而不断增强科研与教学结合的自觉性,提高开展科研的主动性、积极性。

(二)科研管理体制机制不健全,必须改革完善科研评价与考核体系

民办传媒类高校也已关注到了科研管理体制和机制的建立,但由于建校历史短,科研管理体制和机制在逐步完善的过程中,不成熟、不健全、不系统在所难免;有些机构和机制完全照搬公办高校,不适应民办高校的实际。完善、创新科研管理体制机制是提高民办传媒类高校学术能力和水平的紧迫需要。完善、创新科研管理体制机制需

要遵循多方协同、逐步完善、统筹兼顾的原则。当前必须重点转变学校科研管理部门的职能，在科研项目管理过程中不能局限于一般性的号召，也不能只当项目主管部门和单位的传声筒，而应建立重大项目预研机制，由学术委员会和科研管理部门牵头，研究国家和区域的发展需求、战略规划和科技政策，并据此明确本单位的创新主导方向和重点研究领域，为政府建言献策。

民办传媒类高校必须重视建立科学合理的评价体系，完善科研评价内容。一是建立校内外同行评价相结合的科研评价体系，发挥学术委员会在科研评价导向和科研诚信评价中的作用，加强高校科研评价与监督管理职能，提升高校科研管理部门统筹协调能力，建立由学校、学院、学术委员会组成的校内科研评价管理体系。加强开放、多元的国内外专家数据库建设和共享，重视校外、国际同行专家在学术影响评价中的作用，建立校内与校外同行评价、定量与定性评价有机结合的科研评价体系。二是建立科学的科研分类评价方法与指标体系，完善科研评价内容，统筹兼顾成果质量、成果影响、成果转化、人才培养等科研的基本要素，对不同科研活动实行分类评价，对科研成果采取不同的评价方式，使之协调发展。三是对不同种类的科研活动实行分类评价，建立公平开放的科研评价机制，鼓励科研人员开展前瞻性的科学研究。① 以高校核心竞争力提升为导向，弱化学院考核评比，鼓励学科人员交叉，鼓励科研人员开展战略性、系统性、前瞻性的学科领域核心问题研究；完善科研管理信息系统，提高科研评价效率，及时公开评价信息，确保科研评价的透明度和公正性。严格遴选同行评价专家，减少行政和人情干预，建立以校内外学术专家为主体、以创新质量和服务贡献为核心的科研评价机制。

（三）教师学术水平低，应大力加强师资队伍的学术能力建设

教师是高校论文创作的主力军。教师的学术水平决定了论文水平。论文数量少、水平低，反过来说明该校教师的学术水平低。比较而言，浙江传媒学院、河北传媒学院、山西传媒学院在论文总量以及相同学科的论文总数上基本处于同一层次，其他几所民办高校的论文总量以及水平更低。就这三所高校而言，浙江传媒学院因其公办性质而在教师队伍建设上具有吸引力大、队伍稳定等优势，因而论文各项指标基本上处于第二名的位置。尽管河北传媒学院具有机制灵活的优势，但因受民办高校教师队伍特有的老教师科研动力不足、青年教师科研能力差、骨干教师时有跳槽等因素的制约，导致其论文总量、论文质量与浙江传媒学院相差很多，并且始终排在第三名或第四名。

① 范碧薇.我国高校科研管理体制的现状及对策[J].天津科技，2018(4)：24-25.

分析上述原因,提醒民办高校应当增强危机意识,建立健全科研激励政策和拴心留人政策,采取有效的和可操作性强的外部激励措施,激发年轻教师的科研兴趣与热情,使科研压力适度有弹性。

建立灵活的科研组织管理制度①,学校应积极组织开展高端学术讲座、科研论坛,为教师提供学术交流机会,进一步加大青年教师科研培训的力度。选派优秀骨干教师到知名高校交流、访学、进修学习和攻读学位,提高师资队伍整体水平,加快师资队伍建设,培养一批业务水平高、科研能力强的骨干教师,带动学校科研工作的稳定长期发展②,为提高科研水平奠定坚实基础。

(四)老教师的科研积极性不高,必须充分调动老教师的学术研究热情

必须看到,老教师的专业素养深厚,学术研究经验丰富,文字表达能力较强,是高校科研活动中一支不容忽略的重要力量,对提高院校论文的质量和数量方面,起着举足轻重的作用。传媒类高校尤其是民办传媒类高校着意把老教师的科研积极性充分调动起来,焕发他们的学术青春,能够有力地促进自身的科研水平以及论文数量和质量的提高。而为了激发老教师的科研热情,除了在精神、荣誉方面有一定的鼓励措施外,经济因素是一个必须充分顾及的重要问题。实事求是地分析,当前抑制老教师科研积极性的一个重要原因,是论文发表需要向相关期刊支付不菲的所谓"版面费",这对于急需解决专业技术职称的年轻教师是绕不过去的关卡,但对于大多数退休返聘、已无职称之虞的老教师而言,发表论文、获得并完成科研项目却不是必选项,让他们费时费力还要赔钱去发表论文是不现实的。事实上,不少公办院校教师发表论文的"版面费"是可以报销的。针对这一现实,民办院校可考虑设立老教师科研基金,对他们发表、出版论文和专著给予足够的资助、高规格的奖励。尤其要制定相应的激励政策,鼓励老教师勇于、热心地在科研上传、帮、带,积极地扶持年轻教师上项目、出成果。对传、帮、带的老教师须给予工作量的合理计算,对通过传、帮、带帮助年轻教师取得突出科研成果的,应给予重奖。

〔王丽,河北传媒学院图书馆馆长,硕士,主要研究领域:图书馆管理与阅读推广;董孟怀,河北传媒学院科研处处长,硕士,主要研究领域:高等教育管理;赵丽娜,河北传媒学院图书馆馆员,硕士,主要研究领域:图书馆信息咨询与服务〕

---

① 范莹莹. 新建民办本科高校青年教师开展科研工作的困境及对策研究[J]. 湖北经济学院学报,2013(8):145.

② 王景聪. 民办高校科研现状与对策分析[J]. 传播与版权,2018(3):169-170.

编织绵密的科研诚信建设之网

——对两个科研诚信建设文件的解读

杭长钊

【摘要】中办和国办印发《关于进一步加强科研诚信建设的若干意见》，集中了广大人民群众特别是广大专家学者有关科研诚信建设的智慧，总结了多年来学术界、教育界、科技界与学术不端、学术失范甚至学术腐败现象开展斗争的宝贵经验，高屋建瓴地对科研诚信建设做了系统的设计和规划，把我国的科研诚信建设推向了一个崭新的阶段。而中科院发布的《关于在学术论文署名中常见问题或错误的诚信提醒》，顺应了当前我国立法工作精细化的发展趋势，在科研诚信建设建章立制上着眼专而精、重在管用、重在可行的原则，具有开先河的意义。如果说中办、国办的《关于进一步加强科研诚信建设的若干意见》是科研诚信建设之纲的话，那么，《关于在学术论文署名中常见问题或错误的诚信提醒》就是科研诚信建设之目。纲目结合，构成科研诚信建设之网。当前的任务就是构建更多这样的目，以将科研诚信建设之网编织得更加绵密、更为宽大，使所有违背科研诚信建设要求的行为无所遁形、无可逃避。

【关键词】科研诚信建设　学术论文署名　科技创新　社会信用体系　创新文化

2018年5月30日，中共中央办公厅、国务院办公厅印发《关于进一步加强科研诚信建设的若干意见》①（以下简称《意见》），而这个《意见》是在2018年3月28日召开的中央全面深化改革委员会第一次会议上通过的。目前，学术界对《意见》发布的重大意义和贯彻实施的讨论十分热烈，专家学者们通过多种媒体、多种渠道发声，坚决拥护党中央、国务院的战略部署，并对《意见》作出自己的解读，为本课题的研究提供了丰富的资料和有利的条件。然而，相对于人们对《意见》的热烈反应，另一个同样是有关科研诚信建设的文件却显得寂寞冷落，这就是2018年4月24日中国科学院科研道

① 中共中央办公厅，国务院办公厅.关于进一步加强科研诚信建设的若干意见[DB/OL].(2018-05-30)[2018-06-21].http://www.gov.cn/zhengce/2018-05/30/content_5294886.htm.

德委员会发布的《关于在学术论文署名中常见问题或错误的诚信提醒》①。笔者从编辑职业角度,在分别解读上述这两个文件相关内容的基础上,拟对上述一宏观一微观两个文件的创新性,二者的相互关系,以及这种相互关系对我国科研诚信建设的特殊价值做初步的分析。

一、对《关于进一步加强科研诚信建设的若干意见》的解读

7000 字左右的《意见》,内容极其丰富,涉及科研领域诚信建设的方方面面和主要环节,本文不可能对其所有内容展开全面分析,在此笔者将结合在学术期刊编辑过程中经常碰到的科研失信行为,有针对性地做几个方面的重点解读。

(一)《意见》为违背科研诚信的行为准确画像

加强科研诚信建设,首要的任务是要把什么是违背科研诚信的行为搞清楚,也就是要对违背科研诚信的行为准确地做出描述和定性,让每一位从事科研活动的人弄清楚什么是违背科研诚信行为,知道哪些红线是不可触碰的。这是加强科研诚信建设制度的前提。《意见》对违背科研诚信的主要表现用了五个"不得"②作出了表述。

一是不得抄袭、剽窃他人科研成果或者伪造、篡改研究数据、研究结论。《意见》将此放在第一个"不得"加以强调,是因为这一类非诚信行为是科研活动中最为普遍的一种不良现象,特别是抄袭行为已成为科研领域中多年形成的痼疾。抄袭的普遍存在,严重地妨害了我国科技创新。虽然我国发表的论文数量年年增长,但抄袭的存在,稀释了论文的质量,削弱了创新的力度。更为严重的是,抄袭毒化了科研氛围,模糊了抄与非抄的是非界限,导致某些科研工作者对抄袭行为不以为然、不以为耻的麻木心态,抄袭公行,甚至有人以擅长抄袭而自鸣得意,在网上兜售自己所谓的"抄袭攻略",这造成的后果比抄袭行为本身对科研诚信的危害更大、更深。

二是不得购买、代写、代投论文,虚构同行评议专家及评议意见。近年来,购买、代写、代投论文俨然形成了一条产业链。以代写论文为例,2010 年前后,大量的论文代写机构一夜间充斥网络,据调查,代写论文收费千字最低也要 100 元,有的代写一篇本科毕业论文,万字可以收到四五千元甚至上万元;而"枪手"里边,有商人、学生、教师、

---

① 中国科学院科研道德委员会. 关于在学术论文署名中常见问题或错误的诚信提醒[EB/OL]. (2018-04-25)[2018-06-21]. http://www.xianjichina.com/news/details_70662.html.

② 中共中央办公厅,国务院办公厅. 关于进一步加强科研诚信建设的若干意见[DB/OL]. (2018-05-30)[2018-06-21]. http://www.gov.cn/zhengce/2018-05/30/content_5294886.htm.

公务员甚至社会无业人员，只要稍微懂点写作知识的都敢接活①。2015 年，中国高校传媒联盟随机抽取了 318 名大学生，就“论文代写”进行了调查。结果显示，31.13%的大学生表示考虑过找人代写论文，73.9%的大学生身边出现过论文代写现象②。

《意见》指出的不得“虚构同行评议专家及评议意见”也非常具有针对性。近些年，虚构同行评议专家及评议意见行为比较猖獗。2017 年 4 月 20 日，施普林格出版集团旗下期刊《肿瘤生物学》宣布一次性撤回 107 篇来自中国的医学论文，涉及 524 名医生，发表时间为 2012 年至 2016 年。撤稿原因是论文作者通过“第三方”中介投稿，伪造虚假同行评审③④。所谓虚构同行评议专家及评议意见就是造假者或是提供伪专家名单，或是提供真专家的假邮箱。如果期刊选择他们作为审稿人，会得到一份第三方中介机构发来的热情洋溢的正面评议回执，从而“助推”论文发表⑤。这样，以提高论文创新性为初始目的的同行评议机制，异化为弄虚作假的工具，在国际国内学术界造成恶劣的影响。

三是不得违反论文署名规范，擅自标注或虚假标注获得科技计划（专项、基金等）资助。《意见》中针对的这一条，也是科研失范失信的普遍现象。下文将专门论及于此。

四是不得弄虚作假，骗取科技计划（专项、基金等）项目、科研经费以及奖励、荣誉等。“汉芯事件”就是一起骗取科技计划项目、科研经费的重大科研造假事件。上海交通大学微电子学院院长陈进教授利用中国亟待在高新科技领域有所突破，自主研发高性能芯片的梦想，弄虚作假，于 2003 年 2 月 26 日在某科技发布会上声称发明“汉芯一号”。而其推出的“汉芯一号”不过是从美国一家公司买回的芯片，雇人将芯片表面的原有标志用砂纸磨掉，然后加上“汉芯”标志“研制”而成。借助“汉芯一号”，陈进又申请了数十个科研项目，骗取了高达上亿元的科研基金，骗取了无数的资金和荣誉，使我国科技界、地方政府甚至中央有关部委蒙受耻辱。而这一严重的科研造假事件，当事人并未受到法律的追究。⑥

---

① 揭露那些你所不知道的代写行业“黑幕”[EB/OL].(2017-11-21)[2018-02-25]. https://www.sohu.com/a/205764145_685568.

② 央视曝光论文代写乱象！硕士论文 1 篇 7500 元 网店月赚 300 万[EB/OL].(2017-12-27)[2018-02-25]. http://www.sohu.com/a/213109785_114960.

③ 虚假同行评议不能一撤了之[EB/OL].(2017-05-31)[2018-02-25]. http://www.sohu.com/a/144988718_333130.

④⑤ 百篇中国医学论文因虚假同行评议被撤暴露了哪些问题？[EB/OL].(2017-04-22)[2018-02-25]. http://world.huanqiu.com/hot/2017-04/10522651.html.

⑥ 汉芯事件[DB/OL]. https://baike.baidu.com/item/%E6%B1%89%E8%8A%AF%E4%BA%8B%E4%BB%B6/3675593?fr=aladdin.

五是不得有其他违背科研诚信要求的行为。科研活动是一种社会活动,覆盖的领域非常之广,涉及的关系十分复杂,构成的环节繁复众多,不仅有人与物(科研对象、设备设施等)的关系,甚至涉及人与动物的关系,其中最重要的是人与人的关系。《意见》所列上述五个"不得"仅是针对当前我国科研诚信的现状,择其要而强调之。其他科研领域、关系和环节中的科研行为都有相关的规范和准则(包括不成文的公序良俗),是否遵守这些规范和准则,从本质上讲仍是一个科研诚信范畴的问题。每一位从事科研活动的人,都应当了解相关的规范和准则,做到《意见》强调的"恪守科学道德准则,遵守科研活动规范,践行科研诚信要求"①。

(二)建立终身追究制度

《意见》强调严厉打击严重违背科研诚信要求的行为。坚持零容忍,保持对严重违背科研诚信要求行为严厉打击的高压态势,严肃责任追究。建立终身追究制度,一经发现,随时调查处理。②"严厉打击""高压态势",这些严词峻语,常见于治理党内贪腐不正之风,打击生产领域假冒伪劣产品,惩治服务行业严重危害人民身体健康(如假医假药现象),以及与毒品、走私等违法行为作斗争之时,而将其用于科研诚信建设领域则十分罕见。可见,党中央和国务院是将严重违背科研诚信要求的行为与上述违规违法行为的危害性同等看待的,也由此表明了党中央和国务院对严重违背科研诚信现象的严厉态度和治理的坚强决心。《意见》首次明确提出的对严重违背科研诚信行为的"终身追究"和"一票否决"制度,就是强调每一位科研人员的每一个科研行为都与自己的终身荣誉息息相关,对抑制侥幸心理,克服短视、短期行为,警示科研工作者对自己的终身负责,都具有根本的、长效的作用。

(三)建立刑事制裁制度

《意见》强调"严肃查处严重违背科研诚信要求的行为"。以"零容忍"的态度,对违背科研诚信要求的行为提出了从"对责任人给予科研诚信诫勉谈话"直至"终身禁止在政府举办的学校、医院、科研机构等从事教学、科研工作等处罚,以及记入科研诚信严重失信行为数据库或列入观察名单等"7种惩处措施,并特别对拥有公职人员、党员身份的科研人员的违背科研诚信要求的行为,作出了依法依规和依纪依规给予政纪党纪处分的规定。《意见》还提出"加强科研诚信信息跨部门跨区域共享共用,依法

---

①② 中共中央办公厅,国务院办公厅.关于进一步加强科研诚信建设的若干意见[DB/OL].(2018-05-30)[2018-06-21].http://www.gov.cn/zhengce/2018-05/30/content_5294886.htm.

依规对严重违背科研诚信要求责任人采取联合惩戒措施”。一个人在一地点一部门发生违背科研诚信要求的行为，对其处理结果在其他区域和部门都会认可。这就要求建立完善的、全国性的科研诚信信息系统，所以《意见》提出“建立完善覆盖全国的自然科学和哲学社会科学科研诚信信息系统，对科研人员、相关机构、组织等的科研诚信状况进行记录”。

笔者认为，在强调严肃查处严重违背科研诚信要求行为问题上，《意见》中最为引人瞩目的，是要求“积极开展对严重违背科研诚信要求行为的刑事规制理论研究，推动立法、司法部门适时出台相应刑事制裁措施”①。这一制度的设计和建立，对科研领域中违背科研诚信行为具有重要的威慑作用。一直以来，对违背科研诚信要求行为的处理，往往就是责令当事人作出检查、发表道歉声明等，较为严重的也只是撤职免职、调离岗位、取消骗取的荣誉和学历学位等行政措施。上述2003年“汉芯一号”造假事件发生后，专家、媒体疾呼法律的介入，对给国家造成重大资金和名誉损失的当事人以刑事追究，但无果而终。

科研活动中违规违法成本过低，对那些企图通过造假窃取不当利益的个人或单位来说，显然不能形成强大的震慑作用。根据《意见》，对于未来严重违背科研诚信要求行为的当事人除了继续采取相应的道德和行政措施外，还将会追究当事人的刑事责任。这就提醒每一位从事科研活动的人员，必须对违背科研诚信行为的危害性及其后果有清醒的、自觉的认识，在科研活动中秉持诚信至上的原则，不可触碰科研道德底线，更不能触碰法律红线，在长期的科研实践磨砺中，逐步养成良好的科研诚信品质。

（四）实行学术期刊黑名单制度

《意见》提出，支持相关机构发布国内和国际学术期刊预警名单，并实行动态跟踪、及时调整。②一个时期以来，国内甚至境外相当数量的期刊编辑部或杂志社，利用自己有利的地位和条件，向作者收取高额的版面费。有作者揭露，某期刊每页收取版面费高达1500元人民币。这就使期刊成了办刊者为自己赢利的工具，沦为了金钱的奴隶，“核心期刊”成为地道的“黑心期刊”③。作者一方面对这些深陷钱眼的期刊深恶痛绝，一方面又不得不忍痛交上版面费以求文章的发表。而这些期刊只要作者交了钱，就闭眼不管文章质量的高低，也不要求作者修改，无论何等垃圾文章，概登不误；为

---

①② 中共中央办公厅，国务院办公厅. 关于进一步加强科研诚信建设的若干意见》[DB/OL].（2018-05-30）[2018-06-21]. http://www.gov.cn/zhengce/2018-05/30/content_5294886.htm.

③ 不要让“核心刊物”沦为了“黑心刊物”[EB/OL].（2014-04-11）[2018-06-13]. http://bbs.tianya.cn/post-worldlook-1081989-1.shtml.

了将文章尽量压缩在最小的版面之内,以增加发文量,将版心放大到极限,字号用到不能再小;文章不顾逻辑地任意删减,谬误百出,不堪卒读。

对此,《意见》要求将罔顾学术质量、管理混乱、商业利益至上、造成恶劣影响的学术期刊,列入黑名单①。据相关资料透露,中科院有 5% 的单位发布了"吸金期刊"等负面期刊名单②。这对治理学术平台乱象是一剂猛药,同时也给论文发表的作者和论文管理的机构敲响了警钟。《意见》要求,论文作者所在单位应加强对本单位科研人员发表论文的管理,对在列入预警名单的学术期刊上发表论文的科研人员,要及时警示提醒;对在列入黑名单的学术期刊上发表的论文,在各类评审评价中不予认可,不得报销论文发表的相关费用。③

这一制度的建立,要求各级各单位论文管理机构必须及时转发相关机构确定的列入黑名单的学术期刊,提醒本部门本单位的论文作者关注。论文作者在投稿时,必须事先查清自己拟投稿的学术期刊是否被列入了黑名单,以免被"黑"挨"宰",做无用功。

笔者以为,这一制度的建立和实施还应不断完善。对那些完全以营利为目的、声名狼藉的"黑心期刊"应实行严厉的清退制度,撤销其连续出版物号,将其及时清理出学术期刊界。这既是对学术期刊界的一种"环境保护",也可使紧俏的学术期刊资源获得正当的使用,真正发挥其学术成果展示和交流平台的作用。

(五)强调管理部门加强科研诚信管理

不容否认,在以往的科研管理工作中,存在着"重成果,轻诚信"的倾向。各单位非常在意本单位科研立项数、获得资助资金数、出版专著数,发表论文数、成果获奖数、成果获奖等级数等,把数量视同质量,忽视了科研质量的管理。笔者曾撰文指出,这是"科研 GDP 情结",是国家经济领域 GDP 崇拜在科研领域的反映④。现在看来,当时笔者的认识尚不够全面,只是指出了重量轻质的弊端,实际上,这种现象的背后,还隐藏着科研管理中的另一个缺陷,就是对科研诚信管理的轻视、忽视,甚至是漠视。笔者曾到过为数不少的高校和科研院所,听到和看到他们的科研管理经验介绍和成果展览,但少有提及他们是如何重视和开展科研诚信建设的。可见,诚信建设是科研管理的一

---

① 中共中央办公厅,国务院办公厅. 关于进一步加强科研诚信建设的若干意见[DB/OL]. (2018-05-30)[2018-06-21]. http://www.gov.cn/zhengce/2018-05/30/content_5294886.htm.

② 丁佳,任芳言. 中科院召开科研诚信建设视频会[N]. 中国科学报,2018-04-25(1).

③ 中共中央办公厅,国务院办公厅. 关于进一步加强科研诚信建设的若干意见[DB/OL]. (2018-05-30)[2018-06-21]. http://www.gov.cn/zhengce/2018-05/30/content_5294886.htm.

④ 杭长钊,米伟娟. 科研 GDP 情结:科研管理机体上亟待根除的溃疡[J]. 河北传媒研究,2014(6):61-68.

个盲区，是一个被遗忘的角落。针对这种情况，《意见》特别强调了三条。

首先，科技计划管理部门要修改完善各级各类科技计划项目管理制度，将科研诚信建设要求落实到项目指南、立项评审、过程管理、结题验收和监督评估等科技计划管理全过程。[①] 也就是说，科研管理的各个重要环节都要有诚信评估的介入，而且这种介入必须有切实的、可以操作的制度、细则加以明确，提供遵循。

其次，要在各类科研合同（任务书、协议等）中约定科研诚信义务和违约责任追究条款，加强科研诚信合同管理。[②]目前，学位论文有“独创性声明”的内容，要求作者对论文的独创性作出承诺，这在某种意义上说，就是一份诚信约定。但是，大多数单位在项目管理上，缺乏约定科研诚信义务和违约责任追究的条款，包括网络上的一些知名网站提供的项目申请报告（包括报告模板）的释义，都没有约定诚信义务和违约责任追究方面的内容，说明这是诚信建设管理上的一个薄弱环节。贯彻《意见》精神，在项目管理中坚持约定科研诚信义务和违约责任追究的条款是一个必然的趋势，科研管理机构必须借贯彻落实《意见》精神的东风，从相关规定的制定和项目任务书文本的完善着手，规范科研人员科研诚信义务的约定形式，强化科研人员违约责任追究的意识。

最后，建立经常性的科研诚信履责情况督查检查机制。过去，单位的科研管理部门较为重视对科研开展、进程和完成情况的检查，如立项课题的中期检查，半年和年终科研工作情况的检查等，但这些督查检查活动少有科研诚信的内容。针对这种情况，《意见》强调，必须总结完善科技计划监督检查机制，加强对相关责任主体科研诚信履责情况的经常性检查。[③]科研管理部门应把督查检查科研诚信践行情况纳入科研督查检查机制，使其成为该机制整体的组成部分，在督查检查项目、论文完成情况的同时，对科研诚信情况开展督查检查，必要时，专项开展科研诚信情况的督查检查。

笔者始终认为，科研诚信的缺失，固然应该从直接从事科研活动者身上寻找原因，提出治理对策，但管理部门对科研诚信的忽视，不能不说是一个重要的原因。“楚王好细腰，宫人多饿死。”科研管理部门在科研管理上的价值取向，对科研人员的科研行为有非常显著的导向作用。《意见》强调，科研管理部门应把科研诚信管理渗透到科研管理的各个方面、各个环节，意在通过科研管理部门的理念、内容和方式的转变，在科研领域形成“讲科研诚信、重科研诚信、管科研诚信”的良好氛围。

①②③ 中共中央办公厅，国务院办公厅. 关于进一步加强科研诚信建设的若干意见[DB/OL].（2018-05-30）[2018-06-21]. http://www.gov.cn/zhengce/2018-05/30/content_5294886.htm.

二、对《关于在学术论文署名中常见问题或错误的诚信提醒》的解读

《关于在学术论文署名中常见问题或错误的诚信提醒》(以下简称《诚信提醒》)共从 10 个方面对从事科研活动者加以提醒,本文结合论文写作署名常见的违背诚信现象,解读其中几个重点问题。

(一)关于论文署名不完整或者夹带署名

《诚信提醒》的第一条,就是强调防止“论文署名不完整或者夹带署名现象”,提出“应遵循学术惯例和期刊要求,坚持对参与科研实践过程并做出实质性贡献的学者进行署名,反对进行荣誉性、馈赠性和利益交换性署名”①。

首先说说“论文署名不完整”这一现象。在网上搜索,目前尚检索不到“论文署名不完整”这一短句及其诠释。怎样理解这句话的含义呢?通过对资料的分析归纳,笔者认为,合作作品署名时漏署其中的主要参与创作者(包括个人和团体),被称为署名的不完整。这一情况的发生,侵犯了被漏署合作者的发表权和署名权,侵吞了被漏署合作者的劳动成果,欺骗了社会公众。有学者认为,这种情况与剽窃并无不同②,是很不道德乃至违法的行为。这种情况一旦发生,很容易出现利益的纷争,甚至对簿公堂(这种情况常常见于单位之间的合作),原本相互帮助的合作者就会变成怒目相向的仇人。所以《诚信提醒》要求署名时必须防止署名的不完整现象。

当前在署名问题上需要提醒的、更为普遍的现象是夹带署名。夹带署名俗称“挂名”,即未参加学术创作,却为了某种目的故意在他人作品上署名。笔者在从事学术期刊编辑工作中,经常碰到临时增减变换作者这一情况。初稿时明明是只有一位作者独立完成的论文,一旦返回作者修改,看到发表的希望,往往作者数量就发生变动,成了两位乃至多位作者的“合作”论文,有的甚至一变再变。这里就包含着荣誉性、馈赠性和利益交换性署名。

所谓荣誉性署名,是指并未实质性参加论文撰写工作的学术名人、权威或领导被署名,目的在于借助他们所拥有的社会荣誉、地位和知名度,以抬高论文的身价,拉大旗作虎皮,增加论文刊登发表或通过评审的概率。

所谓馈赠性署名,是指通过署名的方式,把论文发表可能产生的益处作为礼物赠

① 中国科学院科研道德委员会. 关于在学术论文署名中常见问题或错误的诚信提醒[EB/OL]. (2018-04-25)[2018-06-21]http://www. xianjichina. com/news/details_70662. html.

② 刘维捷. 侵犯署名权行为现象透析及其对策[J]. 湛江师范学院学报,2011,32(2):111.

送给未参加论文创作的人。

所谓利益交换性署名，是指相互在未参加创作的论文上署名，以彼此都能从中得益。这里的“得益”，如减少各自的学术劳动量并放大学术成果效益；或是为了摊薄版面费，以降低所谓的学术经济成本等。深入考察可以发现，不仅仅是利益交换性署名有着显然可见的实际利益作祟，就是荣誉性、馈赠性署名也有着利益考量的影子。或者借此报答对挂名作者曾经的关照，或者以此拉拢感情，希望未来得到挂名者的利益输送，等等。

夹带署名在某些作者眼中不认为是一件严重的虚假行为，而某些被夹带署名者也乐得坐享其成。其实，这种不良甚至违法的署名行为，未参加论文创作的被署名者有可能承担不是自己行为造成的包括政治上、科学上、法律上的责任。例如，2005 年四川大学教授丘小庆被指学术造假一事，丘小庆教授委托律师以侵犯名誉权为由，在成都当地司法机关正式起诉。还有在全世界曾闹得沸沸扬扬的韩国教授黄禹锡造假事件，其发表在 2004 年《科学》杂志上的论文至少也有一位不该署名的人，她就是时任韩国总统卢武铉任命的副部级总统情报科学技术助理朴基荣。造假丑闻曝光后，她不得不递交了辞呈。这其实就是作者夹带署名惹的祸。有论者指出，这对中国的“名誉”作者们应该是一个警告：名誉作者不仅没有什么名誉可言，而且是一种不端行为，还可能带来灭顶之灾[①]。

（二）关于论文署名排序不当和冒用作者署名

《诚信提醒》强调论文署名排列顺序，应当“按照学术发表惯例或期刊要求，体现作者对论文贡献程度，由论文作者共同确定署名顺序。反对在同行评议后、论文发表前，任意修改署名顺序”[②]。这一提醒有三个要点：一是强调以对论文贡献的大小确定署名的排序。贡献大者排序靠前，贡献小者排序靠后，多年来，这在学术界已经形成共识。二是署名顺序的确定应当由论文参与者共同商定，即得到全体创作者的认可。三是一旦署名顺序确定，个别人无权擅自变动。对照学术界现实，在这一问题上，不尽如人意现象多多。最为突出的表现是作者署名排序不实事求是地按对论文的实际贡献，而是按照论文的人为需求排列作者，把对该成果有需求的作者和其他人列为第一作者，或靠前排序。比如某个作者或学位授予、或项目结题、或成果鉴定、或职称评审、或晋级评优、或绩效考核对论文署名靠前排序有迫切需要，“按论文贡献程度排序”的署

---

① 周园．由“论文署名院士靠后”成新闻看署名权［J］．湖南医科大学学报（社会科学版），2009，11（6）：59.

② 中国科学院科研道德委员会．关于在学术论文署名中常见问题或错误的诚信提醒［EB/OL］．（2018-04-25）［2018-06-21］http://www.xianjichina.com/news/details_70662.html.

名原则往往就被置于一旁。更有甚者,为满足各种利益需要,有些人无视《中华人民共和国著作权法》,自己不搞科研、不写论文,等到有上述需要时,通过各种方式挤进论文作者行列,甚至利用手中权力迫使真正作者让位,自己成为第一作者①。此外,论文署名排序发生变动,本应告知全体论文创作者,但这一署名规范也往往得不到遵守。笔者在期刊编辑过程中,时不时就遇见个别作者随意变换作者排序的情况。《诚信提醒》中"由论文作者共同确定署名顺序"的提醒,绝非无的放矢。

不允许"冒用作者署名"是《诚信提醒》的第四个提醒。所谓"冒用作者署名",是指"在学者不知情的情况下,冒用其姓名作为署名作者"②。冒用作者署名的目的,与上述荣誉性署名有共通之处,目的都在于借助并未实质参加论文撰写工作的学术名人、权威或领导所拥有的社会荣誉、地位和知名度,以抬高论文的身价,拉大旗作虎皮,增加论文刊登发表或评审通过的概率。二者的区别,在于荣誉性署名的被署名者通常为知情同意者,而冒用作者署名的被署名者是不知情者、未授权者。冒用他人署名的人没有意识到,这种行为往往隐藏着他们自己未曾料想到的风险。某高校一名教师撰写了一篇教育学领域的学术论文,文中所主张的一个重要学术观点与当时社会上流行的观点尖锐对立。该作者为增强文章的权威性,未征得同意,擅自将其学校一位领导的名字作为第一作者的稿件发往某核心期刊。该文发表后,这位校领导非常不满,打电话至编辑部,要求撤回该文,冒用其名的作者也受到严厉批评。《诚信提醒》为此提醒:"论文发表前应让每一位作者知情同意,每一位作者应对论文发表具有知情权,并认可论文的基本学术观点。"③

(三)关于论文致谢的忽略

致谢是论文作者向需要感谢的组织和个人表述谢意的文字说明。《诚信提醒》提醒从事科研活动的人们,要注意防止"未充分使用志(致)谢方式表现其他参与科研工作人员的贡献,造成知识产权纠纷和科研道德纠纷"④。这个提醒十分必要,因为在论文写作中,这是一个死角,很多作者不充分了解,甚至没有听说过这一论文写作规则。据某学者统计,国内学术期刊附有致谢文章的比例很低,普遍在 2% ~3% 之间,超过 10% 的很少⑤;国外一些重要科技期刊对论文的"致谢"相当重视,"文后具有致谢的比例远远大于国内的科技期刊,国外具有致谢文章的比例一般都在 50% 以上,有的甚至

---

① 董琳. 科技论文作者的署名和致谢[J]. 中国计划生育学杂志,2007,138(4):255.

②③④ 中国科学院科研道德委员会. 关于在学术论文署名中常见问题或错误的诚信提醒[EB/OL]. (2018-04-25)[2018-06-21]. http://www. xianjichina. com/news/details_70662. html.

⑤ 张嵘. 应重视科技期刊论文中的"致谢"[J]. 编辑学报,2006,18(1):29.

超过 90%”①。

论文致谢是论文主体部分的一个有机构成,它和论文中的表、图一样,不是必选项,但有时必须有。它反映论文作者多个方面的学术素养。一是反映论文作者的论文写作知识是否全面,是否懂得“致谢”是论文的组成部分这一基本的学术规则。二是反映论文作者的学术道德修养,是否懂得对帮助了自己的人要有感恩之心。三是反映论文作者是否拥有恰如其分的表达谢意技巧,懂得如何正确地撰写致谢词。

《科学技术报告、学位论文和学术论文的编写格式》规定,致谢的主要内容是:“国家科学基金、资助研究工作的奖学金基金、合同单位、资助或支持的企业、组织或个人;协助完成研究工作和提供便利条件的组织和个人;在研究工作中提出建议和提供帮助的人;给予转载和引用权的资料、图片、文献、研究思想和设想的所有者;其他应感谢的组织和个人。”②论文致谢通常用于科学技术报告或学术论文的结尾处,主要作用是表达对给论文写作提供过帮助的组织或个人的感谢、尊重之意。它有利于促进形成相互帮助的社会风气,同时,致谢提供的信息对读者判断论文的写作过程和价值也有一定的参考作用③。

目前在论文致谢这一内容的写作上存在两种倾向:一是不在意,二是非善意。

所谓“不在意”,就是有相当多的论文作者不把论文致谢当回事。上文就此情况已有所涉及,此处再略做展开。在当今学术研究者队伍中,许多人拥有硕士、博士学位。他们曾经受过系统的学术训练,都是从学位论文的撰写中摸爬滚打闯出来的,都了解硕士和博士学位论文写作,致谢是必不可少的构成部件。写致谢,一方面,是表达感恩的心意;另一方面,也是更重要的,是通过致谢的写作,实施论文写作方法的训练,让作者懂得论文致谢的作用,从而在今后的学术论文写作中善于运用致谢这一写作方法。但是,不得不遗憾地说,从当前论文写作情况看,不懂得投稿学术论文同样需要致谢的作者不是小众现象,少见论文中有致谢这一块。在与一些拥有硕士、博士学位的作者交流中发现,他们认为文献综述和致谢这类内容只是学位论文的必需,而投稿学术论文是用不着的④。这实在是大谬不然。

论文作者不以“致谢”写作为意,研究“致谢”写作方法的理论文章也存在此类明显的偏向。在“百度”上以“论文致谢”为搜索词,呈现的结果基本都是对毕业和学位

---

① 张嵘. 应重视科技期刊论文中的“致谢”[J]. 编辑学报,2006,18(1):29-30.

② 科学技术报告、学位论文和学术论文的编写格式(GB7713—87)[M]//新闻出版部署发展司,新闻出版总署图书出版管理司,中国标准出版社. 作者编辑常用标准及规范. 2 版. 北京:中国标准出版社,2003:360-361.

③ 论文致谢词[DB/OL]. https://baike.baidu.com/item/%E8%AE%BA%E6%96%87%E8%87%B4%E8%B0%A2%E8%AF%8D/4291215? fr = aladdin.

④ 杭长钊. 段子里学术创新之道寻踪[M]//传媒与艺术研究:第 1 辑. 北京:中国传媒大学出版社,2018:131.

论文中致谢写作问题的研究。以“论文致谢”为搜索词,以“篇名”为搜索项,在中国知网上可检索到(除去重复项)140 余个结果,其中 80% 以上都是论述学位或毕业论文中的致谢写作方法。研究学术论文致谢写作的只占很小一部分。这也从另一个侧面反映出重学位(毕业)论文致谢、轻学术论文致谢的现状。

不懂得正确地运用致谢的功能,会给作者带来一些不必要的矛盾和麻烦。有的作者,其论文的成功发表或通过评审确实得到了某些人的实质性帮助,但作者不懂得在论文中表示感谢,导致帮助者的不满甚至谴责,引发道德上的纠纷,作者的声誉也因此受到损害。有的作者的论文受到他人的帮助,但这种帮助还未达到署名的程度,由于作者不懂得采取致谢的方式反映这种帮助,只好采用署名的方式。而这种做法混淆了作者和被致谢者的权利和义务①,实际上构成了不当署名,违背了科研诚信原则。可见,对论文致谢不在意的态度是不可取的,论文写作者必须对论文致谢的作用和方法有所在意,学会恰如其分地运用论文致谢方法。

所谓“非善意”,是指有的作者把论文致谢当作了抬高论文身价的一种手段。不知道、不懂得论文致谢的运用是一种必须纠正的倾向,而抱有某种不正确的企图,滥用致谢手段的做法也是值得警惕和亟待遏制的现象。有的作者在研究和论文写作过程中原本没有与知名学者讨论过,却在致谢部分表明“感谢某某的指导”或“感谢与某某的有益讨论”,罗列一大串连其论文都未阅读过的著名教授和知名学者的名字;有的作者在致谢部分假称某知名专家已经审读过该篇文稿;有的作者甚至谎称论文是被某著名基金资助,等等②。这是作者想借助知名学者和著名基金的权威性使评审的同行专家产生错觉而顺利通过评审,或误导期刊编辑刊录其文章。这种行为,与不当署名一样,违反了实事求是的精神,背离了科研诚信的要求。

论文在向相关组织或个人致谢时应事先征得被致谢者的同意。有论者指出,有组织或个人虽然为论文写作提供了帮助,但出于种种考虑,可能不愿在论文中被提及,论文作者应当尊重被致谢者的意愿。只有征得被致谢者的同意,才能在论文中向他们表示谢意③。

论文中的致谢词的写作必须真诚,对他人帮助表达得恰如其分,不可夸大其词,或空洞无物,应力求写得具体,指明帮助的实质性内容,让帮助者切实感受到作者发自内心的谢意。下面,提供两例学术论文致谢词作为本问题的结束,其中例 2 是笔者在自

---

① 董琳. 科技论文作者的署名和致谢[J]. 中国计划生育学杂志,2007,138(4):256.

② 刘红. 科学论文中的不当署名与致谢[J]. 中国科技期刊研究,2005,16(3):339.

③ 学位论文写作的格式规范[EB/OL](2013-03-04)[2018-06-20]. http://www.360doc.com/content/13/0304/13/10247055_269223222.shtml.

己的一篇论文中表达的,虽然算不上经典,但抛砖引玉,亦可开启思路。

例1:“朱清时院士提供了高倍显微镜下的照片,鲁润龙教授鉴定了古木层中的生物遗迹,北京大学刘克新教授实测了 AMS14C 年龄,谢周清教授、朱仁斌博士、邓雪斌博士、罗泓灏同学等参加了野外采样,在此一并致谢!”①

例2:“最后,我要诚挚地感谢本编辑部王君学和米临杰二位同仁,是他们帮助我设计并绘制了本文中的数学模型。”②

(四)关于遗漏重要文献的引用

《诚信提醒》第九条的内容,是告诫作者在论文写作过程中必须防止“未引用重要文献”,强调“作者应全面系统了解本科研工作的前人工作基础和直接相关的重要文献,并确信对本领域代表性文献没有遗漏”③。

阅读之初,可能对在防止学术论文署名不端行为的文件里涉及文献引用问题产生疑惑,似乎二者并不是一个范畴的问题。但是,稍加思考便可解悟,二者具有本质上的一致性。例如中国科协在 2017 年印发了《科技工作者道德行为自律规范》,其中写道:“遵守成果署名规范,尊重合作者和他人的劳动和权益,正确、规范引用他人研究成果。”强调论文的正确署名这个问题,说到底,就是强调对著作权的尊重,强调对他人劳动成果的尊重,而正确、规范地引用前人的科研成果,特别是重要研究成果,其根本目的就在于尊重他人的劳动和权益。

而未能引用本学科有代表性的重要文献,很可能遗漏了本学科领域中的重要的研究成果,也有可能自己的论述实际上是重复甚至抄袭了前人的研究成果。规范论文署名与强调文献引用具有本质上的一致性。有些作者在论文写作的过程中认认真真地查阅和参考的文献很少,因而其文后引用的文献也寥寥无几,这样的论文很难做到不遗漏重要文献,也就很难避免重复他人的工作,所以文章的新意很少。④

目前,在文献引用问题上,存在几种偏向,妨碍了参考文献功能的正常发挥。

一是假装看不见。明知自己研究的问题前人已经有过深入的研究,就是不去查阅,更不用说引证参考了。他们有一句典型的论调:“我写论文从来不参考别人的东西,都是自己想出来的。”以为只要闭眼不看他人的研究成果,自己写的东西就是独创

---

① 袁林喜,孙运广,吴自军,等.5600 年形成的石化木[J].中国科技大学学报,2008,38(1):31.

② 杭长钊.面对作者功利性诉求编者的心理压力和可选对策风险的系统分析[J].解放军理工大学学报(社会科学版),2010(6):87.

③ 中国科学院科研道德委员会.关于在学术论文署名中常见问题或错误的诚信提醒[EB/OL].(2018-04-25)[2018-06-22].http://www.xianjichina.com/news/details_70662.html.

④ 王平.参考文献引用原则的探讨[J].编辑学报,2004,16(1):36.

的。这种“假装看不见”的做法是一种“学术幼稚症”。

首先,缺乏最基本的学术研究常识。从理论角度讲,许多著名的学者和我们的领袖人物发表过无数关于资料在研究中重要性的名言,强调搞研究必须旁征博引。从实践角度讲,看看马克思、列宁、毛泽东这些理论创新大家,哪一个不是引证文献的高手?他们正是继承了人类千百年来的优秀文化遗产,才创造出不朽的伟大理论体系。不参考、引用他人或前人的研究成果搞研究,可以说是天方夜谭。其次,所谓自己“想”出来的东西并不能保证就一定是自己的思想。经验证明,人的头脑中浮现的许多想法,大量的是通过阅读和听闻所获得的间接经验,自以为“想出来的”东西,往往是别人文章中的观点、思想在头脑中的再现,只是不愿意按照学术研究规范去收集、查阅、引证而已。最后,完全凭自己脑子里“想”写出来的论文,其知识含量和学术含量往往都很低。持“从不参考别人东西”观点的作者,往往是缺乏学术修养和科研经验的年轻学人。试想,一介青年书生,有多少阅历、有多深厚的学术修养?搞学术研究不借助前人的研究成果,完全凭自己的苦思冥想、搜肠刮肚,既不明智,也不可能写出有独到见解、有广度和深度的好文章。

二是看见了不著录。这里有恶意规避的嫌疑。明知是他人的研究成果,对文献引用的规矩也心知肚明,但出于某种不正当的目的,如捞取荣誉、规避经济责任等,有意地不加著录,让人误以为是作者的原创。这是地地道道欺世盗名的偷窃行径。

不著录引用文献的出处,除了上述明知故犯者外,还有相当一部分是在认识上存在某种误区。比如,常见到的一种说法是:“我没有引用别人文献中的原话,只是借用了他人的意思,所以不用注明出处。”

“借用了他人的意思”就可以不著录引用文献吗?

参考文献分为直接引用和间接引用两种。所谓直接引用是指引用他人文著中的原文,引用时必须加上引号,以明确显示引文的起止之处。所谓间接引用,是指只转述被引文献的大意,不加引号。借用了他人的意思因此也称为“意引”。引用文献,本质上就是引用他人的思想、观点,而同一个思想或观点,是可以用不同的文字、形式来表达的,但无论如何变化,只要“意思”不变,其“版权”仍属于初创者,必须予以尊重,引用时必须加以著录,注明其来源。因此,以“我没有引用别人原话,只是借用了别人的意思”作为不著录参考文献的理由是站不住脚的。

有专家指出:“很多论文和著作吸收了前人或他人的学术成果,而不注明出处。这在学术上是大不德。”在他看来,不仅引用了前人或他人的原文或“意思”必须切实注明出处,写论文时“即使是从前人或别人那里受到了启发,也应该申明……”①这是说,一些文献尽管与自己的论文不直接相关,但它们开启了作者的思路,作者也应该作出说明(比如以“致谢”的方式)。这是一种彻底的对他人劳动和权益尊重的学术精神和态度。

三是引文出处著录不规范。引文的不规范著录,也是学术论文署名范畴中的一种不当行为,同样会构成对他人学术劳动和权益的侵犯。比较常见的现象,如在文内引文结束处不按规则做相应的标注,让读者无法判断哪些内容属于引用他人的成果;著录的参考文献要素不完整,影响读者和编者对所引文献的准确认知;多次引用同一文献,有的著录,有的却不予著录,等等。一些作者对这些不规范的引文著录行为抱着满不在乎的态度,认为这无关论文写作宏旨。而实际上,这不但是论文写作不可轻视的一部分,更关乎一个人的学术精神、学术素养。去过国外的学者因有国内外学术环境和氛围的对比,对此感受更为深刻一些。有学人谈道:“刚开始在美国写读书汇报或小论文,最让我不适应的是‘引经据典’。文章里的每一句话,只要不是自己原创的,哪怕是人人皆知的道理,也必须找到出处,且必须用严格正确的格式附在文章最后。我们每个学生都有一本宝贝书,天天塞在包里,书里枚举了引用文献时要用到的所有规范。这些‘引经据典’的训练使我慢慢培养了缜密的学术风格,不会像在国内读书时对论文敷衍了事。”②“不矜细行,终累大德”,这是 2014 年 10 月 8 日习近平同志在党的群众路线教育实践活动总结大会上的讲话中引用的一句名言。每一位学术研究者只有从我做起,从小事做起,坚守正道、弘扬正气,才能营造良好的学术环境。

要防止论文写作“未引用重要文献”,其前提是广泛搜集相关文献,特别是重要的文献。如果做不到这一点,即使主观上有尊重他人劳动和权益的意愿,也仍然不能防止“未引用重要文献”情况的发生。

三、对两个科研诚信建设文件价值的解读

《意见》和《诚信提醒》两个科研诚信建设文件在我国科研诚信建设史上都是前所未有的,具有十分特殊的意义和价值。

(一)《意见》标志着我国科研诚信建设进入了一个新的历史阶段

党中央、国务院集中了广大人民群众特别是广大学者有关科研诚信建设的智慧,

---

① 刘梦溪.人文与社会科学研究的几个问题[N].文汇报,2002-07-13.

② 陆静斐,周仕兴.如此“拿来主义”行吗?[N].文汇报,2003-03-13(11).

总结了多年来学术界、教育界、科技界同学术不端、学术失范甚至学术腐败等现象开展斗争的宝贵经验,高屋建瓴地对科研诚信建设做了顶层设计和规划,把我国的科研诚信建设推向了一个崭新的阶段。

回顾既往,从 20 世纪 90 年代至今,我国的科研诚信建设的历程大体可以分为三个阶段。

第一个阶段,民间力量对科研诚信的自发维护。这个阶段的主体力量是各个学科领域的专家学者。从 20 世纪 90 年代开始,我国的科研领域学术失范和学术不端现象开始悄然蔓延,抄袭、剽窃、学术造假、不当署名等现象有愈演愈烈之势,这令许多具有正义感和坚决维护科研道德纯洁性的专家学者痛心疾首,纷纷口诛笔伐,并梳理归纳学术失范和学术不端的具体表现,从学理上分析科研道德滑坡的主客观原因,介绍国外治理科研不端的有效经验,提出我国开展诚信建设的对策建议。"挽狂澜于既倒,扶大厦之将倾",专家学者在科研道德严重滑坡之际,倾一己之力对科研诚信的自发维护,是科技界良心的坚守,是学术道德光芒的闪耀,是科研诚信的希望所在。

第二个阶段,政府部门和学术管理机构对科研诚信建设的介入。其标志性事件是 2004 年 8 月 26 日教育部发布的《高等学校哲学社会科学研究学术规范(试行)》。这一规范的出台,拉开了政府部门、高等学校和科研院所进入科研道德建设领域的帷幕,被有的学者称为"中国学术界第一部学术宪章"①。其后,政府部门和科研管理机构加大了对科研诚信建设的介入力度,相继出台了一系列提倡科研诚信、反对学术不端、规范学术失范的文件。在政府部门的影响下,各高等学校和科研院所也加大了对科研诚信建设的重视程度,从自身的性质和特点出发,纷纷出台了适用于本单位、本领域的科研诚信建设文件。随着科研诚信建设的不断发展,人们逐步认识到,科研诚信建设绝非某个部门、某个单位自扫门前雪所能奏效的,政府部门必须加强统筹管理,齐抓共管、合力建设。有鉴于此,2009 年,科技部、教育部、财政部、人力资源和社会保障部、卫生部、解放军总装备部、中国科学院、中国工程院、国家自然科学基金委员会、中国科学技术协会 10 部委联合印发《关于加强我国科研诚信建设的意见》,这一文件的出台,既表明了科研诚信建设得到政府各部门的普遍重视,也彰显了政府部门在科研诚信建设上的力度和决心。

第三个阶段,科研诚信建设被列入党和国家的战略规划。其标志性事件是 2018 年 5 月 30 日中办、国办《意见》的印发。党中央和国务院从最高层面部署科研诚信建

① "中国学术界第一部学术宪章"这一提法虽然在学术界引起较大争议,但《高等学校哲学社会科学研究学术规范(试行)》文件的出台,表明政府力量的介入,在我国科研诚信建设史上的标志性意义是显而易见的。

设，为此专门制定和下发文件是破天荒的事件，把我国科研诚信建设推进到一个新的历史阶段。所谓进入一个新的历史阶段，一方面，是指高层次。《意见》的出台，将科研诚信建设的关注和重视由民间、政府部门层面提升到党和政府最高领导机关。另一方面，是指大格局。《意见》把科研诚信建设置于更宏大、更广阔的背景中加以认识和处理。关于大格局，可以从三个方面得以印证。首先，党中央、国务院从科技创新的高度认识到科研诚信建设的重要性。《意见》开篇第一句话即是“科研诚信是科技创新的基石”，深刻揭示了二者之间的本质联系。科技创新是求真求实、探索和发现客观规律的实践活动，“学术无信，科学的神圣殿堂定然礼崩乐坏”①。其次，党中央、国务院从社会信用体系建设的高度认识到科研诚信建设的重要性。《意见》在“总体要求”中明确，实施科研诚信建设要“以习近平新时代中国特色社会主义思想为指导，落实党中央、国务院关于社会信用体系建设的总体要求”。也就是说，党中央、国务院是从社会信用体系建设这一战略高度看待科研诚信建设的，把科研诚信建设作为社会信用体系建设的一个有机组成部分。最后，党中央、国务院从营造创新文化的高度认识到科研诚信建设的重要性。《意见》在前言中，把“弘扬科学精神，倡导创新文化，加快建设创新型国家”作为制定该文件基本目的加以特别强调。“创新文化指的是以创新为意旨的文化精神与文化理念的最终形成……它代表着一种塑造创新主体的总体文化精神和文化环境”②，是促进创新能力的沃土。大力提高我国的自主创新能力，需要营造体现时代要求、符合我国国情的创新文化③。而“道德诚信是创新文化的导轨”④，没有科研诚信就不可能建立创新文化。

（二）《诚信提醒》蕴含和体现多维度科研诚信建设的价值指向

《诚信提醒》虽然只是一份千字左右的文件，且涉及科研诚信建设的内容较为狭窄，但仔细品味其中的意蕴，却给人以多维度的启示。

1.《诚信提醒》是在科研诚信建设道路上探索的产物，有着鲜明的创新意向

许多年来，为治理科研领域中失信现象，从民间到各学术单位，直到中央各相关部委出台了多部文件，用以规范人们的科研行为。依据文件约束力的强弱，可以将这些

---

① 科技日报评论员. 科研诚信建设永远在路上[N/OL]. 科技日报，(2018-09-03)[2018-09-06]. http://www.bast.net.cn/art/2018/9/3/art_16698_387870.html.

② 张林中. 文化创新与创新文化[N]. 光明日报，2009-09-24(10).

③ 广东省中国特色社会主义理论体系研究中心，张军. 营造创新文化增强文化活力[N]. 光明日报，2010-07-20(9).

④ 尚勇. 简论创新文化[N]. 光明日报，2006-09-11(6).

文本由弱到强地划分为四种类型。

第一类可称为科研诚信知识性文本。如科学技术部科研诚信建设办公室组织编写的、2009 年科技文献出版社出版的《科研诚信知识读本》,还有如 2011 年高等教育出版社出版的《科研诚信:负责任的科研行为教程与案例(第 3 版)》等。这类文本既适合科研人员、科研管理人员和教育工作者阅读,也可以作为高等院校中开展科研诚信教育和科研行为规范教育方面的基础性教材①。

第二类可称为科研诚信引导性文本。如科学技术文献出版社 2009 年出版、科学技术部科研诚信建设办公室撰写的《科研活动诚信指南》,中国人民大学出版社 2017 年出版、教育部科学技术委员会学风建设委员会组织编写的《高等学校科学技术学术规范指南(第二版)》。这一类文本较之第一类文本,淡化了理论和知识色彩,强化了科研行为规范的性质,在兼顾知识性的基础上,更强调操作性,引导人们了解和把握在科研活动中如何做是正确的。

第三类可称为科研诚信行政规范性文本。狭义的行政规范文件一般是指法律范畴以外的其他具有约束力的非立法性文件②。科研诚信行政规范性文本是指行政机关及法律、法规授权的具有科研管理职能的组织,依照法定程序制定并公开发布的针对科研人员和科研管理人员有关科研行为的、具有普遍约束力的,在一定时间内相对稳定、能够反复适用的行政措施、决定、命令等行政规范文件的总称。这类科研诚信行政规范性文本是大量存在的。如科技部 2006 年发布的《科技部科技计划课题预算评估评审规范》,科技部 2007 年印发的《关于在国家科技计划管理中建立信用管理制度的决定》,科技部、教育部、财政部等 10 部委 2009 年联合印发的《关于加强我国科研诚信建设的意见》,教育部 2016 年发布的《高等学校预防与处理学术不端行为办法》等。

第四类可称为科研诚信标准性文本。即通常所说的国家标准(GB)③,强制性国家标准中的条文是保障人体健康、人身、财产安全的标准和法律及行政法规规定强制

① 科研诚信知识读本[DB/OL].[2018-07-28]. https://baike.baidu.com/item/%E7%A7%91%E7%A0%94%E8%AF%9A%E4%BF%A1%E7%9F%A5%E8%AF%86%E8%AF%BB%E6%9C%AC/6211993.

② 行政规范性文件[DB/OL].[2018-07-28]. https://baike.baidu.com/item/%E8%A1%8C%E6%94%BF%E8%A7%84%E8%8C%83%E6%80%A7%E6%96%87%E4%BB%B6/6356264?fr=aladdin.

③ 国家标准分为强制性国家标准和推荐性国家标准。这里所说的标准性文本,是指强制性国家标准而不包括推荐性国家标准。推荐性国家标准是指生产、检验、使用等方面,通过经济手段或市场调节而自愿采用的国家标准,如《信息与文献参考文献著录规则(GB/T7714—2015)》。推荐性国家标准由国务院标准化行政主管部门制定,而强制性国家标准由国务院批准发布或授权发布。从制定和批准机关的层级上也可以体味二者约束力强弱的明显不同。因此,推荐性国家标准在一定意义上,可以归属于第二类即科研诚信建设引导性文本的一种。

执行的国家标准,如《科学技术报告、学位论文和学术论文的编写格式(GB7713—1987)》等。

上述四大类各种形式的科研诚信建设文本,是我国科研诚信建设不懈探索、不断创新的纪录。而《诚信提醒》则是这一探索和创新道路上迈出的新步伐,获得的新成果。我们可以将其归纳为一种科研诚信建设文本的新类型——劝诫性文本。《诚信提醒》以"提醒"的委婉口吻,劝告在论文署名问题上必须防止10种不当行为,对学术论文署名保持高度的责任心,珍惜学术荣誉,抵制学术不端行为,将科研诚信贯穿于学术生涯始终①。显然,这种文本,不同于上述各种形式的科研诚信建设的文本,有着鲜明的创新意向。

2.《诚信提醒》体现了刚柔相济的管理理念,丰富了科研诚信建设的手段

"中国古代哲人很早就懂得了'刚柔相济'的道理。在他们看来,任何事物都有刚性和弹性,而且正因二者不可分离,相互作用,才形成了事物的运动变化,即所谓'一张一弛,文武之道也'。"②刚柔相济也是现代管理理论和实践所信奉的一种理念。"管理的效率逻辑与情感逻辑并存……管理既是对人的管理,更是为人的管理。当代社会是一个软性因素占主导地位的时代,管理者停留于传统理念,仍然依赖于命令和控制等硬性要素是难以达到完满效果的。"③科研诚信管理也应引入刚柔相济的管理理念。刚是冷峻的规矩,刚是铁一般的制度,棱角分明,不折不扣。而柔,则是管理中的人情味,强调管理的亲和力,或者说是主张管理的人性化,通过说服教育、感情投入、关心体贴、形象影响、心理沟通、传统舆论、激励尊重等方式,润物无声、潜移默化地影响科研人员自觉地奉行诚信观念和行为。科研诚信建设中的刚与柔互相调剂、互相补充、互相促进,缺一不可。

有人认为《诚信提醒》存在不足,不具备约束性,缺少相应的惩罚措施,弱化了对学术论文署名中存在的不端行为的威慑力④。概而言之,就是刚性不足。笔者认为,就现状而言,科研诚信管理刚的一面虽然还有待进一步完善,但已经初具规模,而柔的一面却略显不足。对科研领域中存在的严重失信行为,人们出于深恶痛绝的心理,以及急于治理的愿望,往往是疾言厉色、痛加挞伐,不免有失于刚柔相济、阴阳调和之道。

---

① 中国科学院科研道德委员会.关于在学术论文署名中常见问题或错误的诚信提醒[EB/OL].(2018-04-25)[2018-06-22].http://www.xianjichina.com/news/details_70662.html.

② 杨金海.刚柔相济:中国模式的深层哲学智慧[EB/OL].(2009-07-21).http://theory.people.com.cn/GB/9692832.html.

③ 唐美云,王向东,王爱华.张弛有度刚柔并济:论高校学生思想政治教育与管理的结合[J].中国石油大学学报(社会科学版),2006,22(6):76.

④ 柯济.规范论文署名,条款比说教强[N].光明日报,2018-05-02(2).

以温和、劝诫面目问世的《诚信提醒》,给人以和风细雨、娓娓恳谈之感,是对科研诚信建设管理方式方法的新尝试,是对科研诚信管理中刚性有余、柔性不足状况的一种改善。

3.《诚信提醒》是对习近平作风建设必须抓细抓实思想的贯彻落实

作风建设要抓细、抓实,是习近平的一个重要思想。他说:"作风建设永远在路上,永远没有休止符,必须抓常、抓细、抓长,持续努力、久久为功。"①同时他还强调:"改革要坚持从具体问题抓起,着力提高改革的针对性和实效性,着眼于解决发展中存在的突出矛盾和问题……聚焦、聚神、聚力抓落实,做到紧之又紧、细之又细、实之又实。"②抓细,就是要具体抓、见实效。"天下难事,必作于易;天下大事,必作于细""不积跬步,无以至千里",这些古训都是强调"细节决定成败"这一道理。《诚信提醒》在体现和落实"抓细"思想上可以说特征鲜明。

在此之前,以教育部、科技部为主的中央相关部委曾出台过多个科研诚信建设的文件。上文已有陈述,此处不再详列。但这些文件所规范的内容大都是综合性的。这些综合性文件的优势,是能够比较全面地涵盖科研领域中诚信建设的内容,使科研活动的基本方面、基本环节在践行科研诚信要求时都有据可依。但是其不足也是显而易见的,即所指出的问题难免不够具体、不够细化,不够详尽,可操作性比较弱,论文署名问题往往只是其中一个条款。《诚信提醒》出台,是克服上述不足的一个很好的尝试。这种尝试,还是对当前我国立法工作精细化发展趋势的顺应。一段时间,我国立法工作遵循"宜粗不宜细"的原则,立法工作中存在着体例大而全、条款全而空、可操作性不强等粗放化现象。当前,立法工作开始转变粗放型立法,在细化和具体化上下功夫,朝精细化方向努力,推进精细化立法③。在立法模式和体例上,尽量少写提倡性、号召性、宣示性的条款,不求大而全,贵在专而精,重在管用,重在可行④。《诚信提醒》的出台在科研诚信建设中具有开先河的意义,展示了科研诚信建设今后在建章立制工作上的努力方向。相信会有越来越多的有关科研诚信建设专门化、具体化的规章制度问世,更全面地落实习近平关于作风建设必须抓细抓实的思想。

---

① 提莲英. 作风建设要抓常抓细抓长[N/OL]. 河北日报,2014-11-05[2018-08-15]. http://theory.people.com.cn/n/2014/1105/c40531-25979337.html.

② 习近平谈抓落实[EB/OL]. (2017-04-26)[2018-08-15]. http://politics.people.com.cn/n1/2017/0426/c1001-29235965.html.

③ 李宝山,青海. 关于精细化立法的思考[N]. 人民代表报,2015-04-07(3).

④ 赵迎辉. 走向立法精细化[N]. 学习时报,2016-03-03(4).

四、结论

中办、国办发布的《意见》是对科研诚信建设的顶层设计和全局性谋划,既表明了党中央、国务院对科研诚信建设的决心,也指明了科研诚信建设努力的方向,为科研诚信建设提供了基本依据。而《诚信提醒》则在探索落实科研诚信建设的具体道路上提供了示范,启发人们以更开放的心态、更广阔的视野、更缜密的思维,一步一个脚印地推动科研诚信建设的进步。如果说宏观性指导文件——《意见》是科研诚信建设之纲的话,那么,《诚信提醒》这一微观化的行为指南就是科研诚信建设之目。纲目结合,构成一张科研诚信建设之网。就目前而言,类似《诚信提醒》这样的目之数量尚显不足,假以时日,随着目之数量增加,纲目匹配、纲举目张,宽大、绵密的科研诚信建设之网将使所有违背科研诚信建设要求的行为无所遁形、无可逃避。

〔杭长钊,河北传媒学院科研处教授,主要研究领域:高等教育学,学术期刊编辑〕

文化论坛

“非遗”视域下伯夷叔齐传说的价值、保护与开发*

——以河北迁安为例

赵素忍 李丽云 杨小伶

【摘要】运用非物质文化遗产项目“价值点和价值量”的理念剖析民间文学类代表性项目“伯夷叔齐的历史传说”的价值,明确该项非遗的“核心价值点”,可以有意识地保持该项非遗的原生性,预防传承中的“基因突变”或“颠覆性创新”。在“分道行驶”的理念指导下,河北省迁安市对“伯夷叔齐的历史传说”进行了保护与开发,这一举动对于促进民间文学类“非遗”代表性项目的保护开发具有重要意义。

【关键词】非物质文化遗产 伯夷叔齐的历史传说 河北迁安

伯夷和叔齐两位历史人物已经成为中华传统文化中的道德丰碑,其个体行为穿越时空,在我国乃至整个华夏文化圈内影响广泛而深远,成为世人学习的楷模。主要由二人的生平事迹构成的我国非物质文化遗产(简称“非遗”)民间文学类代表性项目“伯夷叔齐的历史传说”也扬名海内外。

当下,世界各国政府和人民越来越重视保护传承本民族传统优秀文化,我国也发出了实现中华民族伟大复兴的时代最强音,对非物质文化遗产越来越关注。河北省迁安市作为伯夷、叔齐历史传说的发源地之一,更应该深刻探究保护开发伯夷、叔齐蕴含的精神文化,承担起相应的历史责任。与以往学者研究的着力点不同,本文尝试运用价值理念、“非遗”保护与开发“分道行驶”理念,剖析“伯夷叔齐的历史传说”在当代社会中历史文化、艺术、经济等方面的价值点和价值量,对每个价值点加以分析,按照价值量大小分出五个级别;同时依据“保护——慢车道”和“开发——快车道”的理念分析河北省迁安市对“伯夷叔齐的历史传说”这一民间文学类“非遗”项目保护和开发的具体措施,从方式和内容等方面拓展现有的“非遗”民间文学类研究,以期进一步促进“非遗”保护与开发工作,使原汁原味地延续遗产原貌与将文化创意融入现代生活相得益彰。

---

* 本文为河北省文化艺术科学规划项目“非遗保护视域下河北迁安夷齐传说的价值与开发研究”(HB17 - YB029)的中期研究成果。

一、非物质文化遗产"伯夷叔齐的历史传说"价值

价值是每个具体事物都具有的本质,是具体事物的组成部分。非物质文化遗产,像其他任何事物一样,具有价值。非物质文化遗产项目的构成要素不同,其价值也不相同。通过研究单个非物质文化遗产项目的不同构成要素,即"价值点",明确该项非遗的"核心价值点",可以有意识地保持该项"非遗"的原生性,预防传承中的"基因突变"或"颠覆性创新"。

(一)非物质文化遗产项目"价值点"的理念

"一个非遗项目由若干体现其基本特征的要素构成,构成非遗项目的重要组成要素,我们称之为价值点。"①非物质文化遗产项目的价值点,可以理解为该项目的本质属性,是该项目特有的组成元素,也就是使该项目区别于其他非遗项目的特有元素。非物质文化遗产保护,就是要保护该非遗项目的特有元素,即"价值点"。这些构成元素在组成该项非物质文化遗产中的作用和地位不同,即价值点的重要性和稳定性不同。非物质文化遗产项目的基因稳定性最强,是"核心价值点"。"根据价值点要素距离核心价值点的远近和重要程度,我们依次划分出其相应保护层级:A 级、B 级、C 级、D 级、E 级,保护的重要程度依次递减。"②A 级(核心组成要素,核心价值点)在非物质文化遗产项目保护传承中必须尽可能维持其原生性;B 级可允许适度调整;C 级可允许做较大调整;D 级可允许调整变化的范围更大,不会对该项目的本质构成太大影响。这种针对现代科学技术和当代审美观念在传承过程中介入程度的分级保护,可操作性强,既有利于非物质文化遗产项目原汁原味地传承,又有利于非物质文化遗产项目融入当代生活,增强人们的民族认同感。

(二)民间文学类非物质文化遗产名录项目"伯夷叔齐的历史传说"的价值点

民间文学,不同于传统手工技艺、传统美术等其他类别非物质文化遗产,它是全民集体创作的、口头的语言艺术。民间文学中的传说故事,也不同于谚语、格言、歇后语等,它是用语言塑造人物、讲述故事、表达情感的。"民间文学的传说故事,有人物、情节、细节、时代背景、讲述语言、神态和动作及讲述场所等若干要素……有主有次、有核

①② 彭卫国. 博弈与共赢:非物质文化遗产保护与利用的新探索[EB/OL].(2014-02-24)[2018-06-22]. http://www.hebfwzwhyc.cn/Show.asp? id=411&info=1201.

心与非核心的要素。”①

A 级

(1)不可替代的历史人物。“伯夷叔齐的历史传说”是叙事作品,人物是构成作品的要素之一。伯夷、叔齐,作为商朝末年孤竹国国君的长子和三子,或按照“长幼有序”,或遵从“父命遗愿”,均有机会继承王位,但二人恪守礼制,礼让王位均未继承;作为商朝贵族本应衣食无忧的兄弟二人,以商朝遗臣自居,最终“不食周粟,饿死首阳山”。在中华源远流长的历史长河中,自古以来多被尊为崇礼、重义、抱节、守志典范的伯夷、叔齐有着无可取代的历史地位和影响力,培育了不可计数的爱国志士,是不可替代的历史人物。

(2)跌宕起伏的故事情节。“伯夷叔齐的历史传说”情节曲折、令人动容。同为王子可继承王位的伯夷、叔齐“推位让国”,均不登国君之位,先后避让到周国;路遇武王伐纣大军,依据“父死不葬,以臣弑君”的礼法制度,舍生忘死谏阻周武王讨伐商纣王;在周朝建立后“耻食周粟,采薇而食,饿死于首阳山”。该历史传说情节的开端、发展、高潮和结局紧紧围绕伯夷、叔齐兄弟二人用生命践行“孝悌仁义”展开,完整紧凑。对比中华千年历史中王朝更迭时,为了争夺王位而杀父弑君、兄弟阋墙的人间惨剧,伯夷、叔齐的故事令人感慨万千。

(3)见仁见智的夷齐精神。在中华几千年的历史文化传承中,伯夷、叔齐,在孔子、司马迁、韩愈等古代名家的文字记载中是不惜牺牲性命也要维护君臣、父子、兄弟之间礼仪制度的社会贤达,已经成为儒家文化倡导的“仁、义、孝、悌”的化身,是后世学习的楷模。虽然对伯夷、叔齐自古以来多是褒扬,但也有异议。比如,汉代的东方朔认为二人是愚夫。现代的鲁迅把二人作为道家对象加以批判和讽刺,以古讽今,针对当时中国一部分知识分子面对黑暗和国民党反动统治而逃避斗争的现象,加以批判。毛泽东曾说:“韩愈写过《伯夷颂》,颂的是一个对自己国家的人民不负责的人,开小差逃跑,又反对周武王领导的当时的人民解放战争,颇有些民主个人主义思想的伯夷,那是颂错了。”在不同的历史时期、历史条件、站位立场下看待夷齐精神,仁者见仁智者见智,但从中国文化总体上考察,伯夷、叔齐让国的故事,对形成仁义礼智信等民族信仰有着重大意义。

---

① 袁学骏. 非遗保护必须科学规范[EB/OL]. (2013-08-28)[2018-06-22]. http://www.ccdy.cn/xinwen/gongong/xinwen/201308/t20130828_743145.htm.

B 级

(1)突出完整的叙事性。民间文学作品是用语言塑造人物、讲述故事、表达情感的。讲故事、听故事是古代人传递和接受信息、娱乐自己和他人的一种主要方式。要让大众接受,必须长于叙事。"伯夷叔齐的历史传说"讲述伯夷、叔齐兄弟二人"推位让国、叩马而谏、不食周粟饿死首阳山"的一系列故事,包含叙事文学的六要素:时间、地点、人物、起因、经过、结果。从接受美学的角度,故事性强的文学形式更容易让人接受。"伯夷叔齐的历史传说"具有突出完整的叙事性,这也是它得以广泛流传的一个有利因素。

(2)意义重大的历史题材。"伯夷叔齐的历史传说"记载的是关涉国、家、个人命运的重大历史题材,从伯夷、叔齐兄弟二人的视角记录了二人亲身经历的商朝、周朝历史更迭的重大历史事件。在华夏的历史进程中,在相似的朝代更迭历史时期,伯夷、叔齐的做法对广大社会贤达、位高权重者、位卑未敢忘忧国者均有深远影响。

C 级

(1)语言风格。有关伯夷、叔齐兄弟二人的历史事迹有许多文字记载。从儒家经典《论语》中,儒家始祖孔子曾多次赞颂伯夷、叔齐的言论可零星推知二人的作为。汉代史学家司马迁撰写的《史记 · 伯夷列传》较详细地记录了伯夷、叔齐的事迹,伯夷、叔齐的贵族身份地位,伯夷、叔齐事迹的文人性质,意义重大的故事题材等,决定了该传记简约、平实、严谨、耐人寻味的语言风格。

(2)时代背景。"伯夷叔齐的历史传说"反映朝代更替时权贵个体在社会前进的历史大潮中的所作所为。在我国奴隶、封建社会历史进程中,这类的事件不时上演。

D 级

故事结构。"伯夷叔齐的历史传说"全部叙事元素靠一个事件的发展先后顺序贯穿起来,故事情节完整,不涉及任何与情节发展无关的其他因素,是单线的、封闭性的结构。

(三)非物质文化遗产项目"价值量"的理念及"伯夷叔齐的历史传说"的价值量

1. 非物质文化遗产项目价值量的理念

非物质文化遗产项目的价值量,是对该非物质文化遗产项目所有价值综合权衡的价值判断。"非遗项目的价值可从五个方面评估:历史价值、艺术(科学、技术)价值、影响力、独特性、开发利用价值。”①

表 1 非物质文化遗产项目价值量评估表

价值量包含的五个方面			价值量级别(最高可得 5 颗星,最低可不得)
一	历史价值	当代人了解先人的某一领域的历史发展来龙去脉,由此认识它对人类社会生产生活的影响和作用大小	★★★★★
二	艺术(科学/技术)价值	在艺术或技术某一特定领域的推动、引领、标志性作用	★★★★★
三	影响力	在时间上存在的长短及影响地域的大小	★★★★★
四	独特性	人类文化生态多样性方面的独特作用	★★★★★
五	开发利用价值	现实可开发利用的商业价值、市场价值	★★★★★

由表 1 可知,不同非物质文化遗产项目的级别、类别不同,同一非物质文化遗产项目自身构成要素(价值点)的重要性不同,必然导致不同非物质文化遗产项目之间、同一非物质文化遗产项目的各个构成要素之间“价值分量(价值量)”不同。已经入选我国非物质文化遗产保护名录体系的每一个非物质文化遗产项目,其价值点、价值量都不同。比较研究非物质文化遗产项目的价值量,有利于从宏观角度确定非物质文化遗产保护传承与开发利用整体工作的着力点。

2.“伯夷叔齐的历史传说”的价值量

(1)历史价值。“伯夷叔齐的历史传说”距今已有 3000 多年的历史,具有典型的历史记忆性,是凝聚历史和传统文化的无可替代的文本,是中华传统文化的一颗璀璨的明珠。通过故事本身和有关的文字记载,以及考察相关的遗址遗迹,从历史、考古、民族、民俗等多种角度搜集整理、挖掘研讨、了解考察迁安地区在商、周更替时代的礼制和那个时代人们的思想诉求、社会生活方式、国家治理方法及其历史发展历程,可增进历史知识和人生智慧。

价值量级别:★★★★★

同一非物质文化遗产项目自身构成要素(价值点)的重要性不同,导致同一非物质文化遗产项目的各个构成要素之间“价值分量(价值量)”不同,有鉴于此,课题组的评估“伯夷叔齐的历史传说”蕴含的“历史价值”的价值量级别可以定为 5 颗星(以下价值量级别的判别依据和方法相同)。

① 彭卫国. 博弈与共赢:非物质文化遗产保护与利用的新探索[EB/OL]. (2014-02-24)[2018-06-22]. http://www.hebfwzwhyc.cn/Show.asp? id=411&info=1201.

(2)艺术价值。属于语言艺术的民间文学“伯夷叔齐的历史传说”,选取关涉社会历史进程的重大题材,用简约、精练、寓意隽永的语言,曲折生动的情节,塑造了克己复礼、舍身成仁的志士仁人形象,表达了社会大众的心声和愿望,其特有的语言美、内容美、形式美,润物细无声般滋养着世代的华夏民族,蕴含着无与伦比的文化艺术价值。同时,夷齐事迹以口耳相传的口头文学、史志及诗词歌赋记载、绘画、祠庙建筑、雕塑、说唱、剪纸等不同艺术形式和手段,在中华民族的历史长河中长盛不衰、广为传扬,成为艺术家的创作源泉。

价值量级别:★★★★

(3)影响力。伯夷、叔齐的事迹被孔子、司马迁等称颂,被后世儒家奉为楷模,经不同朝代统治者的大力宣扬,以及历朝历代文人的诗文记载和褒贬议论,影响远播朝鲜和越南等东亚、东南亚地区的国家,引发广泛共鸣,成为加强国家间文化交流的纽带。此外,据不完全统计,伯夷、叔齐饿死之地“首阳山”,全国各地有多处,分别在河南、河北、山东、陕西、甘肃等省,其中,河北、河南、山东、甘肃四省还把伯夷、叔齐的生平事迹等列入了非遗名录体系。近现代以来,伯夷、叔齐的历史人物形象,随着文字、图画、剪纸、音像、网络等媒体的介入,其传播空间得到了空前拓展,在民间流传更加广泛。

价值量级别:★★★★★

(4)独特性。作为民间文学,“伯夷叔齐的历史传说”用简练、隽永的语言,曲折完整、封闭式的情节结构,塑造了伯夷、叔齐两位熠熠生辉的典型历史人物形象。这两位人物形象蕴含的精神力量在源远流长的华夏历史中是独一无二的,夷齐精神深刻影响华夏民族道德文化的标准,是后世践行“仁、孝、悌、廉、礼、义”的楷模,激起强烈的道德共鸣,潜移默化地引导人们崇尚孝悌仁义,自觉规范个体行为。此外,对伯夷、叔齐二人的行为,历史上有针锋相对的评价,也启发人们辩证地看待问题。

价值量级别:★★★★

(5)开发利用价值。“伯夷叔齐的历史传说”流传时间久远,在当前的时代潮流中,可以实现较大的经济和社会效益。近年来,旅游业已经成为我国国民经济的一个重要组成部分,我国也跻身于世界旅游大国的行列,迁安市也在实施全域旅游示范区建设。“伯夷叔齐的历史传说”及其遗址、遗迹,正好可以满足人们探知的欲望。为了响应人们对崇高道德的追求与认同,通过恢复或重建与伯夷、叔齐相关的庙宇,可以引导中华文化圈的文化寻根,促进文化、社会、经济等各方面的广泛交流。此外还可以开发更多适应时代生活的新物品——玩具、陶器、剪纸、绘画、皮影人等,用崭新的包装亮相,融入百姓的日常生活之中,或作为礼品赠送给亲朋好友,促进民间文化交流。另外,可以利用漫画、影视等手段扩大“伯夷叔齐的历史传说”的影响力,使之成为河北迁安一张靓丽的非物质文化遗产名片。

价值量级别:★★★★★

二、“分道行驶”理念指导下迁安市对“伯夷叔齐的历史传说”的保护与开发

(一)非物质文化遗产保护与开发“分道行驶”的理念

“分道行驶”的理念主要是指:在非遗保护工作中,一方面,要客观对待非遗项目的活态流变性,尊重其自身发展规律,不能脱离其流布地域、族群、文化空间的原生性,坚持项目存续发展的自然流变规律,避免颠覆式的基因突变;另一方面,不片面排斥创新发展,在尊重自然流变规律的前提下,鼓励利用非遗项目的某些元素、内涵、外延或符号进行商业开发,实现其经济价值。前者可称为慢车道,后者可称为快车道,快慢两车道各自有相应的实施主体、基本要求和工作机制,实现两条路径互相促进、平衡发展、互不否定、互利双赢(具体见表 2)。

表 2　非物质文化遗产保护与开发“分道行驶”理念

非物质文化遗产保护与开发“分道行驶”理念		
类别	慢车道	快车道
目标	保护	开发
基本要求	保持和延续遗产原貌,遵循自然流变规律,坚持原生态保护传承	使用现代科技开发利用,鼓励利用非遗元素、符号进行文化创意、交流
工作主体	政府、保护单位、传承人	社会、民间组织、企业、公众
工作方式	建立四级名录体系,建立代表性传承人制度,建设非遗基础设施,创建非遗研究基地、文化生态保护实验区、民族传统节日示范区,建立非遗网站、数据库,加强非遗记录、整理和出版	创建非遗传播基地、非遗传承示范企业、传统文化推广基地,发展文化创意产业,文化志愿者参与宣传推介活动
成效	保护文脉和文化多样性,提供开发利用的文化资源	提高社会对非遗关注度、影响力,创造经济效益。促进社会各界对非遗保护的投入,增强民族文化认同,促进关联产业(如旅游、饮食等)发展
	相互促进、相得益彰	

(二)对非遗代表性名录项目“伯夷叔齐的历史传说”保护与开发的分道行驶

1.“伯夷叔齐的历史传说”的保护——河北省迁安市非遗工作的慢车道

迁安市政府将“伯夷叔齐的历史传说”列入河北省迁安市县级非物质文化遗产代表性项目名录,成功申报唐山市市级非遗名录项目,并一直积极谋划筹备成功申报上一级名录。

迁安市市委市政府设立直属的文化研究机构——黄帝文化研究会,组织有关专家深入研究“伯夷叔齐的历史传说”和相关的孤竹国历史文化。

迁安市文化馆作为该项目的保护单位,对口耳相传的伯夷、叔齐传说及文献记载等资料进行认真发掘、整理、确认、归档,建立并不断完善相关的纸质和数字档案;同时通过“文化和自然遗产日”展演展示活动,制发与伯夷、叔齐相关的非遗文化纪念品等方式积极宣介。

迁安市文化广播新闻出版局、迁安市文化馆建立官方网络平台,宣介非遗法律法规,及时反馈非遗工作动态。

迁安市文化馆携手该市博物馆、轩辕阁等其他单位设置孤竹国和伯夷、叔齐的专门展区,用资料图片、文字记述、场景再现的塑像等形式静态宣介孤竹文化和伯夷、叔齐事迹、精神。

迁安市夷齐中学深入挖掘伯夷、叔齐事迹的文化精神内核,从“夷齐德源”中汲取营养,围绕“夷齐文化”开发乡土教材,开展“夷齐型教师”“夷齐少年”培养活动等特色德育教育工作,从理念文化、制度文化、环境文化、师生行为文化等方面全力打造“夷齐故里”,传承儒家文化中华文脉,积极开展非物质文化遗产传承性示范基地的申报。

原迁安市文保所所长、市博物馆馆长、文博副研究员尹晓燕先生与国家社会科学院和河北省的考古专家一起实地考古调研“孤竹君遗址”,考察周边地区,寻访古孤竹国都城和孤竹君祠、孤竹君墓、夷齐墓的遗迹,并结合《史记》《水经注》等古典文献记载,撰写刊发《孤竹国在迁安考略》《伯夷墓葬考略》。尹晓燕先生的研究成果得到专家认可。

“伯夷叔齐的历史传说”载入当代出版的《迁安历史探源》《令支孤竹史话》《古城翰采》等著作,以及迁安市《黄帝文化》期刊、迁安市文化馆馆刊《五彩石》。

2.“伯夷叔齐的历史传说”的开发——河北省迁安市非遗工作的快车道

作为“唐山市夷齐文化研究会”理事单位的迁安市夷齐中学,投资 30 余万元人民币建设“采薇浮雕壁画”“夷齐文化长廊”、教学楼层和班级主题文化,多方位打造夷齐“礼义信忠孝廉”特色文化校园硬环境,多次接待全乡父老乡亲和上级领导、保定等其他地区人员参观体验,在社会各阶层中广泛传承传播夷齐文化。

当代迁安有识之士利用夷齐历史传说的非遗元素,进行艺术再创作,在广大人民群众中宣传、弘扬、传承夷齐文化精神。如原迁安市副市长、现春瑞书院院长徐春瑞撰写《夷齐让国》鼓词、《古韵迁安赋》等作品,原迁安市党史研究室主任肖波撰写《夷齐赋》,唐山市市级乐亭大鼓的代表性传承人唐桂义老师调查整理《孤竹国次君墓和文峰塔》,迁安市县级窗花的代表性传承人张文芳创作《采薇图》的剪纸作品,使“夷齐传说”以民间故事、乐亭大鼓、诗词歌赋、剪纸作品等形式展现于世。

河北省迁安市彭店子乡充分发挥当地历史上曾是孤竹国的先天优势,用“夷齐家园”冠名当地新建的保障性住房社区,用“夷齐文化墙”美化环境,用百姓喜闻乐见的舞台节目——“魅力水城之夜·群众文化展演·彭店子乡专场演出”充分展示当地当代“夷齐文化风貌”,使广大群众潜移默化地受到伯夷、叔齐礼让、清廉、守节等精神的影响,极大地激发了当地百姓的自豪感和认同感。

以孤竹文化为主题的“孤竹文化体验园”,是迁安市结合当下社会经济发展水平、人们的审美需求、科学技术的进步等主客观条件,由迁安中唐文化旅游发展有限公司开发建设的“迁安中唐·天元谷文化旅游综合体项目”。该项目遵循“文化与娱乐有机融合、旅游与度假有机融合、古典与现代有机融合、产业与城市有机融合”的原则设计规划,目前已进入招商入驻阶段。

结　语

当下,价值观、世界观多元化。探讨“伯夷叔齐的历史传说”的价值点和价值量,并依据其价值大小力争做到保护与开发“分道行驶”,将有助于畅通多种渠道来传颂、弘扬夷齐精神,既可以展示河北迁安历史悠久、文化底蕴深厚,又能强有力的传播中华传统美德文化,增强人们对优秀传统文化的民族认同感和历史自豪感。

非物质文化遗产是历史发展的见证,是人们共同守望的精神家园。对非物质文化遗产的保护传承与开发利用是一项重大的文化工程,可谓“功在当代,利在千秋”,需要每一位文化工作者以舍我其谁的使命感、责任感,助力民族文化自信建设。

参考文献

[1]迁安市“伯夷叔齐的历史传说”申报非物质文化遗产名录项目的相关资料。

[2]尹晓燕. 迁安历史探源[M]. 北京:中央民族大学出版社,2015.

[3]刘玉敏,赵东青. 伯夷叔齐对儒家思想及周边国家的影响[C]//河北省第四届社会科学学术年会论文专集,2009.

[4]王芳,秦学武,赵丽娜. 伯夷叔齐传说非物质文化遗产的保护与传承[J]. 河北科技师范学院学报(社会科学版),2014,13(4):34-38.

[5]金哲,秦亚伟. 朝鲜朝文人对“夷齐”的接受与认知研究:以“燕行录”中伯夷叔齐记录为中心[J]. 当代韩国,2014(3):59-72.

[6]张振利.《夷齐志》研究[D]. 北京:北京师范大学,2008.

[7]王芳,李强华. 伯夷叔齐传说的文化价值阐释[J]. 人民论坛,2014(32):164-166.

[8]尚伟芳. 试从《伯夷叔齐列传》解读司马迁的道德价值观[J]. 洛阳理工学院学报(社会科学版),2013,28(5):32-35.

[9]陈涛吉,刘高峰,王成举. 传承非物质文化遗产　打造城市文化软实力[J]. 科技视界,2014(27):16.

[10]蔚华萍. 秦皇岛非物质文化遗产的旅游文化价值:以伯夷叔齐历史传说为例[J]. 当代旅游旬刊,2012(12):128-129.

〔赵素忍,河北经贸大学文化与传播学院讲师,博士,主要研究领域:中国古代小说;李丽云,河北师范大学文学院副教授,博士,主要研究领域:汉语词汇学;杨小伶,河北省迁安市文化广播新闻出版局副高级经济师,硕士,主要研究领域:非物质文化遗产保护、人力资源〕

乡村振兴背景下羌族民间刺绣的传承与保护*

周裕兰

【摘要】当前羌族民间刺绣的传承创新陷入了市场化的冲击、自身定位不明确的尴尬局面。党的十九大报告明确指出要“实施乡村振兴战略”。在此背景下,保护羌族民间刺绣必须整合资源,加快研发,提升产品的附加值;发挥政府职能,提供宽松的从业保障;唤起社会大众对羌绣传承保护工作的主人翁意识。

【关键词】乡村振兴战略　羌族民间刺绣　非物质文化遗产　传承与保护

“乡村振兴战略”是习近平同志在党的十九大报告中提出的重要战略。当前,在乡村振兴战略背景下,充分认识羌族民间刺绣的自然生态和文化资源禀赋,激发脱贫致富的内生动力,以文化生态保护为基础,以羌族民间刺绣工艺传承发展为抓手,以特色产业发展为路径,对形成文化驱动、产业发展、生活改善的联动机制,实现精准脱贫、文化发展、乡村振兴有长远意义。

一、羌族民间刺绣的文化民俗意蕴

(一)羌族风情的见证

乡村是传统文化的天然载体。俗话说“一方水土养一方人”,地域的差异性影响文化的个性。羌族人民长期过着日出而作、日落而息的农耕和放牧生活,在严酷的地理条件和动荡的历史环境下所创造的羌绣,与他们的信仰及习俗有着千丝万缕的联系,既有少数民族的共性,也有鲜明的本土特色。从“羌家有女初长成”到嫁为人妇再至告别人世,羌绣在羌族女性的一生中是如影随形的存在。在 20 世纪四五十年代的

* 本文为四川省教育厅项目“羌族民间刺绣艺术文化的保护与传承”(编号 18SB0506)的阶段性研究成果。

羌族聚居地，8—9岁还未长大的羌族姑娘就要跟随长辈学习刺绣、织锦，尤其是长女，几乎是不进学堂的，她们不仅要帮父母分担繁重的家务，还要为自己和家人制作服饰。其中的心灵手巧者是家庭的骄傲，同伴的羡慕和小伙子的追求让她们在节日活动中备受瞩目。

1. 羌绣与歌谣

被好山好水滋润着的羌族姑娘都有一副清澈的嗓子，能唱出慷慨激昂的山歌，也能道出娓娓动听的情歌。在茶余饭后的田边和农闲时分的树下，姑娘们常三五成群，边唱羌歌边绣花。到情窦初开时，崇尚恋爱自由的她们便用宛转悠扬的歌声和光彩夺目的绣衣吸引小伙子的目光，与自己的心上人对歌。这时，不仅刺绣成为对歌歌谣的重要题材，而且云云鞋与羌绣香包也成为对歌姑娘们的标配。其中，羌绣香包里所放的羌香有驱虫及提神醒脑的作用，不仅是女送男的定情之物，也是长辈送晚辈的吉祥物。待姑娘成家后，"生产歌"便成为已婚妇女间交流织布、绣花经验的对话："夜静点灯来纺纱，右手摇车左手拉；松枝当着灯来点，每根纱线经手拿。"这首歌虽然是描述女性纺纱织布的动作，实则反映出她们从早忙到晚的辛苦与疲惫。由此可见，羌绣与羌歌相互依存，羌不离绣、绣不离歌。一枚小巧的绣品，倾注的是润物细无声的感情和精力，沉甸甸的心意寄托的是对情人和亲人的祝福，外出带着这些绣品，以此慰藉对家乡的思念。

2. 羌绣与婚嫁

身披羌绣盛装出嫁，成为婚礼上万众瞩目的焦点是每个羌族姑娘的梦想。从服饰到生活用品，事无巨细都是她们亲手置办的。在第一次跟随男方拜见对方的家人之前，姑娘就要给男方家中的每位家庭成员做一双云云鞋，这些鞋的花纹根据年龄和性别有所不同，展示手艺的同时也是一份见面礼。上半年是羌民最忙的时段，等到秋天他们将农产品卖完，手头就有了闲钱来筹备婚宴，因此女性出嫁时间基本会选择正月。她们在定亲之后除了做必要的农活外，就要在家里专心做自己及未来丈夫的服饰，尤其是花袋、被面、枕头等物品绣得越多，越能证明新娘子持家能干。直到当今，拜堂的当天，整个婚嫁仪式犹如刺绣的盛宴，脚下款款而行的云云鞋、头上高高架起的红头帕，身上叮当作响的五色腰带，夫妻双方浑身上下无不刺绣加身，打扮得光彩夺目，古老的纹样寓意就如同师公嘴中呢喃的话语，祝贺这对新人从今以后白头到老，阖家欢乐。

（二）赏心悦目的传家宝

羌绣的观赏性在于它所带来的视觉感受与包含的原生态价值。羌绣的技法、造型、配色在不同的服饰、场合的运用有所区别。羌绣工艺的针法，主要有挑绣、纳花绣、纤花绣、链子扣、扎花、提花、拼花、勾花和手绣等，绣法的差异深受环境的影响；从少年时期所戴的尾巴帽、羊角花帽，到青年、老年时期扎的各色图案的头帕及青色、黑色或白色头帕，造型转变代表的是阶段性成熟。羌族妇女的云云鞋在红、绿、蓝、黄布拼接的鞋面上补绣红色云纹；有的还在鞋帮中部加绣花卉等纹样，使之更富有变化；有的则用挑花或补花与绣花相结合的工艺，使其外观别具一格。近年来受外界时尚的影响，羌族姑娘将云云鞋与高跟鞋相结合，传统云纹图案、精致的针法及艳丽的色彩与高跟鞋结合在一起，赋予了云云鞋新时代的气息，色彩的变化说明了岁月的变迁。羌绣通过上述方式表现出独特的艺术形态，其所产生的"美"饱含着自然纯朴的民族情结。自然之美在于以前羌民从采棉、纺纱、染成五色线这一系列过程都不假人手，所用的材料天然环保；单纯之美在于绣制时，每个人对纹样的解读都有差异，哪怕同样的类型所描绘出的纹饰都与众不同；民族之美在于羌族凭借服饰图案的异同来区分，但每类纹样背后的故事所承载的历史信息珍贵且厚重，对剖析该民族的传统、风俗、心理有重要帮助。这些依靠聪明才智和纯熟的技艺创造出的羌绣，也是研究羌族女性文化的枢纽。由此可见，羌绣所具备的审美情趣与潜在的经济价值不但值得关注和挖掘，它对艺术特征的诠释手法还值得细细品味。

图 1　传统羌绣

二、非物质文化遗产的羌绣与文创产业的关系

从学术研究的角度来看，非物质文化遗产（简称"非遗"）项目保护与文化创意产业是不能合二为一的两回事。因为非物质文化遗产是一个民族历史上遗存下来的优质文化基因，任何力量对它的干预、改变，都会使其变成"转基因"品种，也就失去了保护价值。对非遗传承而言，"原汁原味"是最重要的。所以，"非遗"是需要政府出钱保护的事业，而不是替政府赚钱的产业。在急功近利、"资本化"的驱动下，"非遗"最重

要的历史价值、文化价值、社会价值、艺术价值、科学价值等纷纷让位于经济价值,有利可图的“非遗”项目成为香饽饽,受到众人追捧,而市场开发空间不大的“非遗”项目则被束之高阁。这样,不仅大量珍贵非物质文化遗产得不到应有的实质性保护,而且文化遗产的社会人文价值被简化,进而失去其内核①。这是一种在学术界的专家中主流的观点。

然而,现实社会却呈现出一种和上述观点不同的景象:能够成为“非遗”的手工艺项目,大都出自贫困的农村、山区,因为与外界交流不畅,才能使传统的手工艺得以完整传承。现在,社会发生了根本的改变,“村村通”已经成为现实。作为“非遗”的手工艺人特别是后代传人,也渴望能依靠手艺脱贫致富,推动当地乡村振兴,分享改革带来的机遇。这机遇就是方兴未艾的“文化创意产业”。它的定义是:“依靠创意人的智慧、技能和天赋,通过高科技创造与文化资源提升,通过知识产权开发和运用生产高附加价值产品,具备创造财富和就业潜力的产业。”②

近年来,在各种学术会议和刊物上,可以看到专家们提出要维护“非遗”项目的纯真性,要打假“非遗”;而个别“非遗”项目的传承人却说:“理论研究是你们专家的事,走市场需求、靠手艺养家糊口是我要做的事。”笔者通过对羌绣的个案研究,认为以上两种观点应该是可以并行不悖的。一方面,要扶持老艺人坚守传统,精心制作“原汁原味”的羌绣作品,为学术研究提供样品,也可以为博物馆提供收藏。这类作品,价格自然不菲,但物有所值。另一方面,年轻的艺人通过向前辈认真学习,掌握了羌绣的基本技艺,再融合社会需求和现代工艺设计,生产出价廉物美、满足一般旅游者消费需求的“羌绣”产品,这样也能发展当地的文化创意产业,甚至可以用其部分利润补贴作为“非遗”的羌绣制作,为民族地区乡村振兴蹚出一条新路。

三、羌族民间刺绣面临的机遇与挑战

(一)羌族民间刺绣的历史性机遇

1. 政府力量的注入

我国政府于 2004 年 8 月接受了联合国教科文组织通过的《保护非物质文化遗产

---

① 马莉娟. 产业化视角下非物质文化遗产旅游开发研究[J]. 现代商业,2016(26):56.

② 王上嘉. 出版,拥抱文化创意产业[J]. 出版广角,2013(17):37.

公约》中“非物质文化遗产”这一术语和理念,①至今已有十余年。上至中央,下至地方政府,对非物质文化遗产的保护力度逐步加大。2005 年国务院办公厅出台《关于加强我国非物质文化遗产的保护工作的意见》后②,四川省文化厅与省内各地方文化部门按照其要求,对各项“非遗”项目的普查与申报予以高度重视,投入了大量的人力、物力、财力,从支持传承人开展培训工作,资金上给予帮扶,到开展数字化保存与记录,将所有非物质文化遗产的资料实现动态管理;乡村振兴也支持少数民族文化、传统手工技艺等民间文化的传承发展,羌族民间刺绣作为其中的一员,这些政策的支持为它的发展提供了良好的条件与平台。

2. 社会大众的参与

学者、传承人、商人等民间力量,积极为羌族“非遗”的发展出谋划策。如钟茂兰、范欣、范朴、黄洋、卢娜、袁姝丽、刘蕙子、陈宇、周莉等学者从学术的角度出发,出版或发表了有关羌族刺绣、民俗、歌舞的书籍与论文,并运用民俗学、美学、设计学、经济学等理论,对这些“非遗”项目及其所面临的困境展开了全方位的观察、整理、研究,应用学理的力量扩展大众关于羌族文化的理论知识,提高大众的保护意识。李兴秀、陈云珍、陈清芳、王露琼等羌绣传承人认识到自己技艺与作品的文化价值后,满怀热情地投身于羌绣的保护与传承的队伍之中,带徒传艺,自觉承担传承的重任。四川羌寨绣庄有限责任公司、北川羌族自治县幸福羌绣有限公司等校企合作的商业机构虽然不无赢利的动机,但不可否认,他们用手中掌握的资金助力乡村“挪穷窝”“换穷业”“拔穷根”,为羌族刺绣的保护与实践发挥了积极的作用。当然,这需要政府正面的沟通与引导。

(二)羌族民间刺绣不可回避的挑战

1. 市场化的冲击

对羌绣的生产性保护不可避免地牵涉到产业化、商业化这一焦点性问题。当下的困扰是,如若掺杂太多经济因素,那么价值高、噱头多的那部分(机绣)才有机会进入大众的视野;价值低、投入高的那部分(手绣)则会被冷落一旁,这对羌绣文化是新一轮的破坏。但仅依靠政府、学者、传承人、学徒来带动整个羌绣的保护队伍,不与市场挂钩,就会造成资源的浪费。笔者认为,进行适度开发是必要的也是可行的。羌绣文

---

① 王文章. 非物质文化遗产保护与田野工作方法[M]. 北京:文化艺术出版社,2008:3.

② 国务院办公厅. 关于加强我国非物质文化遗产保护工作的意见国办发〔2005〕18 号[EB/OL]. (2005-08-15). http://www.gov.cn/zwgk/2005-08/15/content_21681.htm,2005-08-15/2015-12-07.

化是核心,市场是载体,文化和市场结合到达成熟条件后,会产生较好的经济效益和社会效益。在生产中保护好特色,在保护中进行开发、利用,实现良性发展,双层驱动。但需要清醒地认识,生产性保护是一把双刃剑,在调和经济价值与传统手工技艺之间的矛盾时,对“度”的精准把握尤为重要。

2. 重视不够

与江苏苏州、湖南长沙把民间刺绣当成重点对象来开发、扶持的情况相比,羌绣在国内一直处于低谷的位置,沦为了民俗中的附属品,在一定程度上阻碍了乡村振兴发展的脚步。其主要原因是在思想认识、人才培养、管理力度等方面的重视程度还不够充分,地方政府部门与羌绣从业者对传统手工艺并不具备应有的认知,保护措施也是流于形式。虽然羌族文化遗产资源丰富,但要与江苏苏州、湖南长沙相比,首先在地域上就难占优势,况且苏绣、湘绣发展已初具规模,不论品牌知名度还是原生态的完整度都远超于羌绣,而羌绣受到重视的程度却远不如苏绣、湘绣,如此,羌绣很难在全国的刺绣市场中成为一支异军突起的力量。

四、乡村振兴背景下发展羌族民间刺绣文化创意产业的建议

文化创意产业是21世纪各国方兴未艾的产业之一,它将重点放在个人的创造能力上,强调财富与就业,是将原创性、整合性、高价值等特征融为一体的新兴产业,成为影响地方乃至国家经济与文化评估的重要指标。

羌绣作为非物质文化遗产,既是传统羌文化基因,也是羌族女性手工技艺的内容,具备地域特色与商品属性双重特征,拥有与文化创意产业接轨的先天优势。因此,在保持羌绣的原真性的前提下,通过搭建生产与消费间这架“活态保护”的桥梁,将它转化为可利用的文化资源,不仅能增强市场竞争力,助力乡村振兴,更容易获得社会认同感,是羌绣融入现代社会的可持续发展之路。在国家着力提高文化产业水平与实力的语境下,将非物质文化遗产定为文化创意的智慧之源,是彰显身份与魅力的标识。因此,我们以产业化的视角,从市场运作、政府引导、公众参与三个方面提出羌绣以新的容貌回归现代生活的科学途径,在增强自身能力的同时自然地完成羌绣的传承与发展。

(一)整合资源,加快研发,提升产品的附加值

羌绣饱含着羌族人民的智慧和审美观念,具备本土性、民族性的特点,但要让它融入

商业化的社会,仅靠埋头苦干难以走出目前的困境,重要的是对形式内容的转变、产业融合的推动、传播渠道的选择,才能壮大羌绣产业的竞争力与影响力,支持乡村振兴。

1. 实行差异化定位策略,适应不同层次的市场需求

(1)在工艺创新与优良设计的背景下,推出各类型、档次的产品。高端市场应由工艺美术大师、传承人带头,从事原汁原味的手工羌绣艺术品定制。由于价位高昂,面向的消费者通常是出于研究与收藏的目的,所以艺术品要具备较高的观赏价值,讲求工艺精湛程度。中端市场从业人员则以高校培养的设计人员与企业技师为主,注重现代设计理念,既沿用传统羌绣工艺也不排斥与机械的合作,主要从文化、生活中提炼元素,寻求产品实用性与艺术性的融会贯通。低端市场则由手艺人自发组织,绣制低成本、易携带的工艺品,是普通大众的首选。

图 2 时尚服装的羌绣元素

(2)质量与特色是关键,推陈出新才有向上空间。在产品的定位上,应根据不同的消费层次采用相应的策略,但完全脱离手工制作范畴则不可取,价位的高低只能代表材料、工艺等方面的精简,不能减少设计与制作所投入的含金量。材料上,可以根据档次的差别挑选相应的绣线与绣布,如传统的丝线、绒线、土布、棉麻都是制作羌绣的理想材料,但时下热门的对现代纤维艺术的运用也值得借鉴;功能上,讲求实用与审美并重,由服装到家具、摆件、灯饰、布艺织物等室内软装,渗入生活的各个领域,将羌绣的功能发挥至最大化;内容上,可尝试与羌族自然资源的有机结合,羌绣香囊久负盛名,它是用艾草、菖蒲、香草等数种药草制成的,干烧可以抵御蚊虫叮咬,水煎可以驱寒祛湿;造型上,应不再拘泥于传统纹样的再现,题材既可以延伸至表现羌族风情、自然

风光，也可将传统元素进行提炼、解构、重组，融入时尚元素。

2. 拓宽文化创意产业链，优化品牌形象

羌族集聚地多为高原和自然山区，交通闭塞，缺乏工业、企业的基础，但正是由于以上因素，当地的传统文化保存较为完好，民族风情浓厚，在“精准扶贫”政策的指引下，成为民俗旅游的首选之地。要实现游客的消费需求，融入商业元素的文化创意旅游产品就成为开发的前提条件。因此，以扩大羌绣产业发展空间为目标，打破边界，与旅游、演艺等产业互渗合作，不但能改善各自品位，还可以加快羌绣生产的步伐，达成旅游业与手工业市场的共赢。

以阿坝州茂县为例，近年来，该县着力打造地方民族特色文化品牌，将旅游产业作为县域经济的支柱产业实施重点扶持和培育。位于茂县凤仪镇的中国古羌城，2016年接待游客80万人次，实现营业收入2000万元，旅游产业发展取得了可喜的成绩。①从以上数据可得出，包括羌绣在内的游购娱等旅游产品，产生了丰厚的经济收益。就目前市面上所销售的一系列羌绣产品来看，如服装、鞋、包、围巾、桌旗等，几乎都来源于本地羌绣公司。笔者在采访羌寨绣庄及四川兴绣藏羌文化工艺发展有限公司的李兴秀②时得知，受聘于该公司的员工都是已婚家庭主妇，她们利用自己的空余时间制作产品，经营者按工钱收购，高额的利润促使羌族民间刺绣遍地开花，吸引着周边等地的商户前来定做。附近的文化有限公司还在当地开辟了一条旅游线，聘请妇女在家中做羌绣，以市场价计算工钱，让原本平时花费较长时间缝制、售价较低的云云鞋的价位提升。由于工钱按时长结算，开发者会压缩时间成本，将绣娘聚集起来，要求她们在规定时间内完成，严格把控质量及工艺关，形成“公司 + 基地 + 农户”的生产模式，加速羌绣产业化的步伐。绣品的供不应求让原本在家务农的妇女有了额外收入，外出务工的女性也有了返乡的趋势。而身为制作者的她们，运用自己的手艺为丰富产品的种类做出贡献。在乡镇的民俗活动中，集体刺绣、售卖的场景成为一道靓丽的风景线，既让游客体验到返璞归真的民族风情，也唤起了他们的购买兴趣。需求的增多为工艺的传承提供了动力，将女性从狭隘的就业范围中解脱出来，既改善了家庭经济，也为羌绣产业的发展提供了人力资源。

自从茂县开展规模性的旅游活动后，每逢歌舞表演时，传统羌族服饰就成了“非遗”传承人舞台装的首选。为了打造“旅游旺县”“文化强县”，近年来，茂县政府大力

① 秦川，杨成万，陈雨禾. 茂县“工匠”李兴秀：让羌绣走向世界[N]. 金融投资报，2018-05-17(3).

② 李兴秀为羌寨绣庄及四川兴绣藏羌文化工艺发展有限公司老板，该公司是阿坝州兴秀技能培训学校“羌族民间刺绣”课程的实训基地，李兴秀也是该校的外聘指导专家。

图 3 李兴秀和她的培训学校

倡导各机关单位每周轮流举行"周周乐"活动,实行"四羌"政策——穿羌服、唱羌歌、跳羌舞、说羌话;由茂县民族宗教局牵头,每人定制 4 - 5 套羌服,羌族身份的干部上班期间就穿着本民族的服饰。每逢节日盛会,对羌绣服装等手工艺品的需求量更大,如茂县举行的瓦尔俄足节,在会场、酒店、宾馆等公共设施处可以经常看见服务人员身着羌服接待游客,受到消费者们的追捧,他们纷纷合影留念或购买羌服,让原本边缘化的羌绣融入民俗旅游、展览、餐饮、娱乐等具体活动当中,带动了多个产业集群的全面发展,所形成的传统文化氛围对强化本民族的荣誉感也有促进作用。

品牌形象的构建,需整合多方资源,拓展营销渠道。羌绣产业要实现良性发展,除了行业内部的自立自强外,还需要学术界给予理论支撑,设计界提供智囊方案,行政机构制定发展规划等。通过政策的引导与相关配套设施的完善,调整企业的产品结构和运营制度,走研发、生产、销售、服务、培训为一体的精品化路线,可以实现资源互补与联动效益。在强大的产业辐射作用之下,将会吸引更多的中小型商家集聚,对此要切实支持与保护,结合各地特色与商家特点,合理规范空间布局,通过策划、宣传、统筹、执行的流程,灵活组建如羌绣之旅、文化节、刺绣村、手工创意集市、书籍画报、传承人自传等不同类型的文创产品,打造一系列特色主题,凸显品牌差异化的魅力。

3. 运用多元媒体的传播手段,增加羌绣的知名度

(1)采用平面与网络媒体结合的方式,确保羌绣内容能覆盖到不同层次的目标群体。平面媒体指的是区域性报纸和杂志,在当地具有较强的权威性,可以普及本地人群对羌绣的认识;网络媒体是指消费者已经养成了购买物品之前先上网查询的习惯,

运用百度等搜索引擎将羌绣的关键词精准地连接至各县政府官网与羌绣网上商城；新媒体是指现在人们的生活已经离不开微信、微博等自媒体，通过开设官方账号传播消息，还能及时了解目标群众的对羌绣产品的反馈意见。

（2）选择性参加大型展销会、博览会、论坛峰会等专业性较强的交流会。这种类型的会展每年都应策划不同的主题，参展的商户或个人只有符合举办方标准才可被邀请或申请参加。这样整体质量较高，所搭建的互动平台能够最大限度地拓展机遇。

（二）发挥政府职能，提供宽松的从业保障政策

政府是集决策、组织、监管三类角色为一体的综合行政机关，它的领导和管理在乡村振兴中作用重大，关乎羌绣传承与发展方向。要形成保护与开发并重的空间格局，应从以下几个方面着手。

1. 重视传承主体的培养

传承是“传道授业”的过程，也是技术的传播活动，它的应用和发展依赖特定的人文社会环境。在现代社会对专业技能的要求逐步提高的局面下，羌绣的传承仍旧停留在家庭作坊模式上，存在着大量的资源浪费，因此健全的人才培养机制显得尤为紧要。

（1）摆正对羌绣传承人的态度，给予她们应享的权利。有些羌绣传承人除了获得名誉上的称谓外并未获得教学、生活方面的改善。由于她们受教育程度不高，家中的经济来源主要是给景区打工和务农，资助额度如果少于最低生活标准，就难以吸引她们将所有精力全部放在刺绣上，传习工作就难以展开。目前，由于没有年轻人再跟她们学刺绣，她们逐步将重心放在羌舞上，很少再拿起绣花针。由此可看出当地政府对羌族刺绣的保护稍显滞后。针对这种现状，不仅要加大羌绣传承人的普查力度与范围，构建国家、省、市、县、乡、村各级羌绣传承人梯形队伍，安排各级传承人按照老、中、青进行搭配，缓解传承人老龄化及断代的窘境，还要将不同级别羌绣传承人补贴落到实处，解决她们的基本生活生存问题，同时支持她们开展带徒授业的活动。精神关怀与物质帮扶齐头并进，才能充分调动地区群众参与和保护羌绣的积极性。

（2）培育或引进羌绣技艺与文化创意兼备的复合型人才。首先是构建羌绣人才培养的教育模式。培育羌绣人才可从两个层次上着手：一种是基础教育。即在中小学生中普及羌绣基础知识和基本技能，形成学校、家庭、社会的良性互动。在这三者互动中，社会给予财力支持，羌绣传承人提供技艺，学校获得特色办学的名气。作为羌家子弟的学生，传承本民族文化是她们的骄傲，所制作的羌绣产品，具有一定的经济价值，既可以联系相关公司收购，还能吸引社会爱心之士的赞助，纾解上学难、生活难的贫困

问题,在乡村振兴中发挥更大作用,形成多赢局面。另一种则是专业教育。企业可与阿坝师范学院、成都纺织高等专科学校等地方高等院校合作,成立羌绣研究中心,构建高素质羌绣专业人才的培养模式,完善相关课程与专业体系的框架,为羌绣文创产业输送优秀的从业人员。由于这类院校、中心的科研能力与文化氛围等综合条件相对较强,具有理论研究与实践相结合的长处,可以弥补家庭传承模式的不足。为了更好地培育、吸引羌绣技艺与文化创意兼备的复合型人才,须改进技能认证、职称评定的制度,打破传统的考核体系,设立相应的奖励机制,根据个人或团体对其贡献力量的大小,获得相应的专利、管理等红利,从而调动人才的积极性,强化他们传承和发展羌绣事业的使命感。其次是营造“羌绣文化创意圈”,发挥人才集聚效应。将区域内外羌绣文化交流活动常规化,以宣传、学习先进理念为导向,加强羌绣人才之间的沟通,以求新求变为目标,吸引更多有识之士投入羌绣产业建设之中。

2. 设置专项资金与优惠政策,打造多样化的展示平台

政府应通过拨款、招标等方式,吸纳社会资本共同建设文化创意产业园、创意街区等,将它们作为所有羌族“非遗”项目的平台与载体,由资源整合到集团化、标准化,最终达成效益化。笔者在考察阿坝州羌族民间刺绣时,发现刺绣公司、工厂几乎都聚集在商贸旅一条街上,如茂县羌绣百货店,汶川文锦羌绣有限公司以及理县露琼手工艺羌绣专业合作社的主干道周边,形成了附近绣品的加工与分销中心。另有茂县凤仪镇的中国古羌城等大型基地,成为节庆会演、教学展示、创意集市活动的主要场所。这些多样化的展示平台,是实现绣品增值、助益乡村振兴的成功案例。

3. 发挥政府的监管职能,制定健全的法律法规,形成有序的市场格局

为充分发挥政府的监管职能,可考虑成立羌绣产业管理部门。其主要职能是制定和运用法律法规,一是切实保护羌绣作品原创者的个人知识产权,坚决打击侵权行为;二是引导羌绣经营者实施适度开发,贯彻公平竞争原则,规范他们的交易行为,并运用政府的公信力发动民众与媒体对羌绣经营者进行督促与制约;三是及时收集企业与高校等机构合作中遇到问题,提供囊括规划、引导、扶持、执行等多方面的服务,促进有序羌绣市场格局的形成和完善。

(三)唤起社会大众对羌绣传承保护工作的主人翁意识

羌绣来源于民间,它的文化价值底蕴深厚,既是高于物质享受的精神食粮,也是一支能汇聚正能量的民族文化软实力,须抓住重返荣耀的契机,形成以社会大众为主的传承群体,才能确保羌绣传承的健康发展。

1. 开展羌绣文化的宣传及教育，引导公众参与其中，提高他们的认知与接收能力

一方面，可以开办家庭博物馆等公众展示场所。笔者在阿坝州茂县叠溪镇排山营村采访羌绣传承人祁安春时，她与自己的儿媳妇张甜（羌绣传承人）、王清以及儿子、孙女们同住在一栋木楼里。一楼放置杂物；二楼既是小型展示馆也是传习基地，大厅和侧房的墙壁上悬挂着她与两位儿媳妇的作品、证书、织机，整个房间可以容纳20余人学习；三楼则是这个大家庭休息的地方。在学习交谈过程中，传承人从吃饭、教学、创作、展示等活动中呈现的状态真实且生动，她们并不会像外出参展般地刻意规范自己，而是在轻松的氛围中与参观者形成互动。可见，这类由人、住所、展品等构成的场地传递着感性而原始的信息，传承人与参观者同周围的环境、文化形成全方位的交流，使双方都获取了与众不同的感受，有利于文化的传承，增强她们居家就业，参与脱贫攻坚、乡村振兴的能力。与传统的博物馆、展示厅构建的空间相比，家庭博物馆在建设上投入经费较少，传播的方式更人性化，内容更灵活，因此要让羌绣的传承方式适宜现代社会的发展，在转化上应该要接地气。

图4　羌绣传承人祁安春

另一方面，开展设计、摄影大赛，举办文化创意周等专业人员与群众交流互动的公开课堂。将羌绣产品的生产过程透明化，邀请客户自己动手制作简单的半成品，更能激发他们的兴趣与创造力。从研发者角度来看，参与者拥有不同的成长背景，收集整理他们对产品的使用感受、改进意见，能够真正了解和掌握消费者的需求；对参与者来说，只有直观真切地感受到研发者对羌绣产品的解读，才能真正地认识和了解羌绣文化，从而自愿加入保护传承队伍。

2. 成立羌绣协会等民间组织

就目前来说，阿坝州羌学学会对于羌族文化的研究成果颇多，但并没有将羌绣作

为地方名片进行推广宣传。建议羌学学会收集、研究各地优秀刺绣团体的行业机制、规范标准、发展规划等。还应积极促进成立羌绣协会等民间组织,以此为纽带,密切与政府机构的联系沟通,将羌绣行业的基本情况及时反馈给政府相关机构,协同政府制定、完善羌绣保护和传承政策,还可帮助企业或高校举办羌绣学术或培训活动,架起与企业、学校之间沟通的桥梁。

〔周裕兰,四川民族学院美术系讲师,主要研究领域:艺术设计与教育〕

学人新作

《欧阳修遗迹研究》

欧阳修为宋代大家,相关文学、史学、经学等学术研究已相当充分。但对于欧阳修遗迹,尚未有专题研究。欧阳修遗迹数量众多,类型多样,有一定规模,较成体系,社会影响较大,蕴含着丰厚的文化底蕴和深刻的历史记忆,在古代文人遗迹中具有代表性和典型性。河北传媒学院国际传播学院程宇静博士的新作《欧阳修遗迹研究》全面、系统、深入地考述了欧阳修的故里、出生、成长、逝世、归葬,以及曾经仕宦过的州县中 80 余个欧阳修遗迹的历史兴废、兴废原因和文化意义,展现了它们此起彼伏、绵延不绝、丰富多姿的历史文化景观,见证了这位文学大家在后世的深远影响。

这部著作由人民出版社 2018 年 1 月出版。全书约 28 万字,欧阳修遗迹相关插图 47 幅,图文并茂。它既是一部关于欧阳修遗迹的文学景观实证研究,也是关于这位古代大家的文学影响研究。该著作独辟蹊径,开拓了欧阳修学术研究的新领域;为其他古代作家研究提供了新的视角,具有方法论的示范意义;为文学地理学中的文学景观理论提供了丰富例证和理论思考。在应用价值方面,该著作为欧阳修遗迹旅游资源的开发与利用提供了学术依据和科学参考,对当代文学景观建设亦具有普遍的启发意义。

图书在版编目(CIP)数据

传媒与艺术研究.2018年.第3辑/李锦云主编. --北京:中国传媒大学出版社,2019.7
ISBN 978-7-5657-2511-1

Ⅰ.①传… Ⅱ.①李… Ⅲ.①传播媒介—关系—艺术—研究 Ⅳ.①G206.2 ②J0-05

中国版本图书馆CIP数据核字(2019)第135638号

传媒与艺术研究(2018年第3辑)
CHUANMEI YU YISHU YANJIU (2018 NIAN DI-SAN JI)

主　　编 李锦云
责任编辑 黄松毅　欧丽娜
特约编辑 张　静
装帧设计 拓美设计
责任印制 阳金洲

出版发行 中国传媒大学出版社
社　　址 北京市朝阳区定福庄东街1号　邮编:100024
电　　话 86-10-65450528　65450532　传真:65779405
网　　址 http://cucp.cuc.edu.cn
经　　销 全国新华书店

印　　刷 北京玺诚印务有限公司
开　　本 787mm×1092mm　1/16
印　　张 12
字　　数 221千字
版　　次 2019年7月第1版
印　　次 2019年7月第1次印刷

书　　号 ISBN 978-7-5657-2511-1/G·2511　　**定　　价** 58.00元